高效团队的带人技巧

林科炯——编著

HUMAN SKILLS IN EFFICIENT TEAMS

中国铁道出版社有限公司
CHINA RAILWAY PUBLISHING HOUSE CO., LTD.

内容简介

本书是一本介绍中小型公司或企业团队管理的书籍，书中对协调和处理员工关系、激发员工干劲、提高团队业务技能等相关方法和原则，提供了实用性的解决方案。全书共10章，主要包括四部分的内容，第一部分介绍了领导者带领团队的必要方法；第二部分介绍了管理者在团队中如何处理好与员工之间的关系；第三部分讲解制度在团队或管理中的重要性；第四部分介绍如何培养队员的“狼性”，以及如何将他们培养成干将。

本书在讲解过程中，注重带领团队的实用方法，并且选取了一些真实案例。无论您是小微型企业的创业者、职业经理人、部门管理人员或者是小团队的主管，甚至是临时的带队人员，只要您有一个团队，相信通过对本书的学习，都可以在团队带领中做出正确实用的决策。

图书在版编目（CIP）数据

高效团队的带人技巧 / 林科炯编著 .—北京：中国铁道出版社，2018.3（2022.1 重印）

ISBN 978-7-113-24095-0

Ⅰ.①高… Ⅱ.①林… Ⅲ.①企业管理－组织管理学 Ⅳ.① F272.9

中国版本图书馆 CIP 数据核字（2017）第 310374 号

书　　名：**高效团队的带人技巧**
作　　者：林科炯

责任编辑：张亚慧　　**编辑部电话**：(010) 51873035　　**邮箱**：lampard@vip.163.com
封面设计：MXK DESIGN STUDIO
责任印制：赵星辰

出版发行：中国铁道出版社有限公司（100054，北京市西城区右安门西街 8 号）
印　　刷：佳兴达印刷（天津）有限公司
版　　次：2018 年 3 月第 1 版　2022 年 1 月第 2 次印刷
开　　本：700 mm×1 000 mm　1/16　**印张**：18.75　**字数**：231 千
书　　号：ISBN 978-7-113-24095-0
定　　价：49.00 元

前言

PREFACE

如果把团队比作一艘多人划行的船，那么领导就是舵手，控制前进的方向，而团队管理人员就是队长，能力最强，通常排在最前面，划桨最卖力，而队员就是其他参与划船的桨手。

一艘船在正确方向的情况下，要想跑得最快，肯定不能仅靠队长一人使劲，而是要所有人一起，节奏统一，方向和技术统一，思想和行动都往同一处使劲，正所谓“众人拾柴火焰高”，若配合得当，甚至可以让整个团队产生“1+1>2”的效果。

而现实中，往往出现“一人一条龙，三人一条虫”的无奈局面，团队管理人员，不懂如何带领其他队员，不懂如何培训和组织队员，不懂如何让其他队员变得像自己一样强，结果往往是自己一人努力，其他人有气无力，最终也得不到好的结果。

基于这种情况，我们编写了本书，旨在帮助领导和管理者解决带领时团队遇到的难题。员工就像骏马，管理者就是骑师。这些马儿需要骑师的“驯化”，不过不是用皮鞭，而是用科学的方法将他们从普通的马儿变成千里马，把团队“拉”到更远、更高的地方，开创出一片新天地。

本书共 10 章，具体章节的内容如下。

◎ 第一部分：1 ~ 2 章

本部分的内容主要介绍了领导带领团队应该做的事和必须做的事，重点强调领导者自身应该具有的素质、品格、能力及带领团队的必要方法。

◎ 第二部分：3 ~ 4 章

本部分内容主要讲解了团队管理者在带领团队中如何处理好与员工之间的关系，其中涉及不同对象的处理和沟通方式及方法。让团队内部关系及上下级之间的关系更加融洽。

◎ 第三部分：5 章

本部分重点突出讲解制度在团队带领或管理中的重要性和可靠性，以及一些原则或误区等。让大家知道制度的重要性和实用性，明白“无规矩不成方圆”这句话并不是说说而已。

◎ 第四部分：6 ~ 10 章

本部分主要介绍如何将团队变成一支敢打仗、打胜仗的队伍，让他们充满狼性，让团队目标顺利完成或超额完成的方法。

本书语言通俗易懂，讲解的知识都是能够在实际中应用的“干货”，读者可直接运用到团队管理工作中，同时对于一些较为抽象的理论，我们配以类似故事或实际案例，帮助大家更好地理解和拓展。

最后，希望所有读者能够从本书中获益，不断改进及完善管理工作上的不足。由于编者能力有限，对于本书内容不完善的地方希望获得读者的指正。

编 者

2017 年 12 月

目录

C O N T E N T S

01 .PART. 好领导才能带出好员工

领导是一个团队的骨架和灵魂，如果想要带出好员工，就要有一个好的领导。如果这个“将领”是“狼”，那么整个团队就会变成“狼群”。反之，如果领导“熊”了，就会出现“熊一窝”的团队。

02 .PART. 带好人，领导者必须做的事

作为团队领导，不仅要学会怎样带人，而且还要学会怎样带好人，从而把团队工作效率提升上去。尽管领导不能事事亲力亲为，但是其中的一些事是领导必须要做的，只有做好这些事才能带领好团队。

03 .PART. 如何正确处理与下属之间的关系

作为团队领导，责任是带领下属共同来完成既定的任务和目标。在整个过程中都需要下属的全力支持配合，所以领导与下属之间的关系就成为一组重要和主要的关系，需要方法和技巧来巧妙处理。

04 .PART. 不懂说话带不好人

领导在带领团队时，必须与队员进行相应的沟通交流，其中最重要的就是夸奖和批评。若是不懂得怎样说好这两类话，也就不能够带好队员。

05 .PART. 用制度带人，按制度办事

制度是团队的生命和灵魂，用于规范约束员工的言行，利于团队工作的开展，任务的完成，目标的实现，推动团队不断向前发展。所以，在带领团队和员工时，要用制度带人，用制度办事。

06 .PART. 带出一批精兵强将必须掌握的技巧

要想让自己的团队像狼群一样富有战斗力，就必须赢得队员的心，将他们的智慧、力量和心在团队中凝聚起来。同时，使用方法和技巧提升队员个人和团队的执行力。

07 .PART. 事必躬亲要不得，把工作交办下去

作为团队的领导，如果事事都要自己亲力亲为，必定会劳累不堪，下属也会觉得不被重视。为了避免事必躬亲，同时提高下属工作的积极性，授权就显得尤为重要。

08 .PART. 用激励的手段彻底激发员工的干劲

管理人员的任务可理解为借助和依靠他人去完成目标任务。那么怎样才能让员工更加积极主动地去完成分配的个人任务呢？答案就是：激励。

09 .PART. 巧用绩效考核把庸才变干将

管理人员的职责就是发现人才、培养人才和善用人才，同时将普通员工变成干将，让他们把更多热情、能力和精力投入到工作中。怎样做到这一点呢？绩效考核。

10 . PART.

培训是带好人的重要手段

带领团队不仅要为员工指引应该攻克的“山头”，同时还要训练队员的“攻山”技能。要让队员掌握、完善和提高“攻山”的技能，最有效和直接的方式，就是通过有效的培训来实现。

第 1 章 ○ 好领导才能带出好员工

领导是一个团队的骨架和灵魂，所以想要带出好员工，就需要有一个好的领导。如果这个“将领”是“狼”，那么整个 团队就会变成“狼群”，反之，领导“熊”了，就会出现“熊一窝”的团队。怎样才能成为一个“狼”一样的将领呢？在本章中将会具体介绍。

不懂带人就是累死自己

优秀的领导，基本上都是“指挥”员工达到想要的目标，获得成功。但是他们自己并不会事事亲力亲为，也不会事事担心考虑，而是做“领头羊”带领自己的员工，让他们在各自的岗位上开动脑筋、用心思考、积极做事。但是不懂带人的领导往往事无巨细，从而增加自己的负担。

善用带人管好员工

带人是为其员工指引方向及给出方法，然后放手让员工自己去探索、摸索、想办法、犯错误，甚至是摔跟头。管人就像是背着或搀着员工让他们达到自己心中的目标，在这个过程中管理者将会非常累，因为他要防止员工犯错误，替其思考，为其找具体方法，甚至是代劳等。所以，作为高明的管理人员，应该更多采用带人的模式，少用管人的思路，让自己轻松。同时，也让员工能够快速地成长。

不过，这两者并不矛盾，可以将带人和管人相结合。管人还是要管的，只是避免一些死胡同管理，多一些变通的管理，让员工更加容易接受。

在管理中应该避免过于死板，如所有的事情都告诉他具体怎样做或必须怎么做等。一开始可能没有问题，随着时间一久，他们就会变得很反感，觉得管理人员管得过多，虽然他们也会按照吩咐的方法去做，但他们会懒得动脑筋，逐渐失去主见，不动脑筋。

严格来说带人也是管理的一种，不过更加具有技术性，他们往往是按照如下几种方法来进行操作的。

◆ 用“安”代替“管”

安人，可简单理解为把员工安排到合适的岗位上，为其安排布置合适的任务，让员工觉得心安，同时，赋予一定的权限，让其觉得被信任、被尊重、被重视，从而积极主动工作。

◆ 用“带”代替“管”

带，这里有三个意思：带领、传授和帮助。在这个过程中管理人员扮演的是教练角色，应用自己的技术经验带领员工成长。

要带出好员工，自己要先做个干将

团队的大多数管理者都希望将自己的队员变成能手、干将，让团队成为一支高效团队。我们常听说：“狼的领导，才能带出狼的员工。”所以要将员工变成干将，自己要先变成干将。不能纸上谈兵，在理论上像巨人一样，讲得头头是道，在行动中却不能实际有效地解决问题，成为行动上的矮子。也就是将理论变成实际方法，将其应用到实践中，并不断地提高执行力，证明自己是一干将，然后不断地影响员工，将他们从庸才变成干将。

案例陈述

海尔的强大，很大程度上依赖于员工的执行冲劲，而这种执行冲劲，往往受到其直接上司的影响。这些管理人员按照下面这些规定来将自己变成干将。

1. 每天的工作要坚持完成，每天要比前一天提高1%。通过不断检查每天的工作，时刻告诫自己每天的工作要当天完成，每天要比前一天进步1%，做一个有自我时间管理的人，让自己不断进步。

2. 领悟并做好“什么叫作不简单？什么叫作不容易？”

3. 凡事要善始善终，在工作中，通过不断地融合“海尔的时间管理”模式进行自我管理，利用PDCA（P—Plan计划、D—DO实施、C—Check检查、A—Action行动）循环原则来督导自己日常的工作，并清理日常工作的薄弱项目，及时整改，以提高每天工作的效率。

“海尔”是一个由濒临倒闭的小厂发展成为称雄国内外市场的企业集团。今天的海尔为什么知名度那么高呢？海尔为什么会做得这么好呢？那是因为他们的员工都是像狼一样的干将，而他们的管理人员也要求自己按照OEC管理方法将自己变成干将。

不想自己累死，就要把有潜力的人培养成接班人

培养接班人，不仅能够及时填补管理职位上的空缺，还能通过培养和锻炼其来分担一些事务，不用自己事事亲力亲为。更能避免团队一旦有关键人物离开就无法正常运转的情况。

在内部有潜力的人员培养成接班人之前，必须慎重选择这些储备的候选人，因为他们直接关系到团队的未来。那么储备的候选人应该具有哪些

特质呢？可以从下面几点中来判定。

◆ 职业素质

高度认同企业文化，与团队发展的大方针步调始终保持一致，具备良好的职业道德，能坚持按照原则办事，并具有强烈的责任感和奉献精神。

◆ 决策素质

决策素质是每位管理者或领导者应具备的基本素质，其实质是通过科学预测和正确分析，从而果断、大胆和明智地采取有效举措的过程。它对团队的发展和壮大具有关键作用。

◆ 领导素质

领导素质是一个管理者或领导者必须具备的素质，因为管理或领导最基本的技能就是带领一个群体去完成目标任务的行为。它包括：领导科学、领导行为、领导艺术及心理素质等。具体表现为具有很强的影响力、号召力、凝聚力、有较高的威望及群众号召力。

◆ 智力素质

管理者必须理智地认识客观事物，并具有运用知识解决问题的能力。这是从事领导工作的先决条件，因为管理工作无论是对内还是对外都需要斗智斗勇，特别是对市场未来、行业走势等方面的预测。

◆ 创新素质

创新是当下的主题之一，一个团队储备管理人员需要具备一定的创新意识或思维。保证团队通过不断创新充满生机活力，保持强劲的发展态势，在激烈的竞争中立于不败之地。

下面是 IBM 培养接班人的“长板凳计划”，它在选取和培养接班人方面可是一个非常成功和著名的案例。

案例陈述

> IBM 接班人的“长板凳计划”，要求现有管理者必须确定自己的岗位在未来 1 ~ 2 年由谁来接任，在 3 ~ 5 年又由谁来接任。同时，IBM 会在全球 5 000 多名管理人员中，挑选近 300 人作为重点培养对象。这 300 人的培养通常要经历四个阶段：第一阶段是训练各种职业技能，培养专业能力；第二阶段采用横向轮调的方式，让培养对象在不同的工作岗位上获得不同的经验；第三阶段是实施强业绩导向的考核，使个人能力得到充分释放。

在实际工作中，管理人员在选择接班人时，要注意以下一些事项。

◆ 确定组织需求人才的能力

首先确定团队需求人才的能力，也就是确定需求。确定明细的标准，从而使其具备适合组织发展需要及胜任未来职位要求所需要的各种专业知识和能力。然后在优秀的人员中进行筛选和过滤，让那些更优秀的人才成为候选人或培训对象。

◆ 运用评估工具对接班人进行评估

对储备管理人员进行评估时运用评估工具，对其综合能力进行科学测评，得到有关其绩效及能力评估的详细反馈。常用的评估工具包括绩效考核、个性和心理测试、角色扮演、评价中心等方式。很多时候候选人能否入围，要以某段时间内的绩效水平、改进程度及工作中表现出来的能力与潜质等为依据。

◆ 为接班人提供量身定做的职业生涯发展规划

为团队接班人量身定做职业生涯发展规划，并为其分配具有挑战性的关键任务，这样，双重的压力及动力使真正优秀的候选人能够脱颖而出。

◆ 实时关注接班人发展状况

团队接班人计划的最终目标是保证团队在适当的时候能为职位找到合适的人选。它关注与管理的对象是职位和接班人两个方面，协同把握职位空缺及候选人发展的动态情况。培养接班人通常采用的方法和形式大概有以下几种。

1. 参与到一些管理工作中，给其机会进行锻炼，如副职、代理职务等。

2. 通过对候选接班人进行具有深度的、独立的评估，同时对其能力或技能方面的欠缺，进行针对性的培训。

3. 让其在多个岗位中进行轮岗工作，积累工作经验。

4. 实行公开、公平竞争，确保选到最佳人选。这种方式主要应用于比较成熟的企业的继任者们。

当然，若是内部人员中没有合适人员，也可以招聘引进“外来”人才的途径。它具有如下几个优点：

由于引进的外部接班人多为本行业经验丰富的能人，因此引进式接班人的综合能力、经验可能比内生式接班人更强。一般情况下，引进的接班人有过多年在团队担任一把手的经验，甚至有过非常辉煌的业绩。而内生的接班人可能是团队的第二甚至第几负责人，位置不同，考虑问题的角度和综合能力也不同，这是内生的接班人的弱项。

引进的接班人可能会具备内生的接班人所不具备的特殊能力。当企业面临重大变革时，比如说规模迅速扩大、运作方式发生变化、经营区域发生变化及市场需求发生重大转变等，企业就会对接班人的素质和能力有特殊要求，需要具有处理此类变化能力和经验的外部企业家。

引进的接班人会带来全新的视角，受企业内部各种错综复杂人际关系的束缚更少，当企业处于危难之时，具备更大的勇气和魄力进行改革。

提升自己的领导魅力，影响每一位员工

企业家李嘉诚在总结他多年管理经验时说：“如果你想做团队的老板，很简单，你的权力主要来自地位，来自上天的缘分或凭借你的努力和专业知识；如果你想做团队的领袖，则较为复杂，你的力量源自人格的魅力和号召力。”由此可见，领导魅力是个人素质、品格、作风、工作方式等个性化特征与领导活动有机地结合，后天是可以培养的。

必须具备大肚能容的胸襟

能长期生存的公司都是宽容的公司，宽容的公司才会长寿。

——美国管理学者阿里德赫斯

管理者或领导者拥有大肚能容的胸襟，就能有很好的包容心态，能设身处地地为他人着想，能很好地为人处世，尊重别人的处事原则。同时，会有更多的朋友、更多的支持者和亲近者。在团队管理或经营中，会有更多跟随着、合作者，有更多的客户，容易在合作伙伴或客户之间建立信任，实现合作共赢，形成有钱一起赚的良好氛围，而不是两败俱伤。团队会变得越来越强，越来越大。正所谓小胜靠智、大胜靠德。

不过，需要注意的是：宽容和包容不是包庇和放纵，宽容和包容是以团队利益为先决条件，以相互帮助、相互支持、相互配合为前提。不能是个人私利，也不能是违反团队制度或者是损害团队利益。因此，领导必须严格遵守、执行和维护团队制度，强化管理，避免将宽容、包容转换成包庇或放纵。

那么，作为团队领导可以从以下方面来展现或提升自身魅力。

1. 有容人的雅量，能领导比自己某方面能力更强的人。

2. 学识广泛，经验丰富，知道的比下属多，预见的事情比别人多，因此能把握方向，引导团队朝正确的方向前进。

3. 交际广泛，左右逢源，容易与领导、同事和下属相处及交流。

4. 目标高，眼光远。把工作当成事业来做，重视经营个人品牌，珍惜在每一个企业的工作历练，在意企业提供的发展平台。

5. 乐观向上，并将这种情绪传染给其他队员，让整个团队保持一种积极向上的心态。

6. 看淡权力，看淡利益，善于授权，善于激发下属自我实现的欲望。

7. 不争权斗利，做自己该做的事情，把本职工作做好。

案例陈述

三国时期的蜀国，在诸葛亮去世后任用蒋琬主持朝政。

他的属下有个叫杨敏的，性格孤僻，讷于言语。蒋琬与他说话，他也是只应不答。

有人看不惯，在蒋琬面前嘀咕说：“杨敏这人对您如此怠慢，太不像话了！”蒋琬坦然一笑，说：“人嘛，都有各自的脾气秉性。让杨敏当面说赞扬我的话，那可不是他的本性；让他当着众人的面说我的不是，他会觉得我下不来台。所以，他只好不说话了。其实，这正是他为人的可贵之处。”后来，有人赞蒋琬“宰相肚里能撑船”。

在故事中可以看出蒋琬作为蜀国后期的管理者和领导者，具备尊重别人的处事原则和性格特点，真正做到了“宰相肚里能撑船”，是领导或管理人员应该学习的榜样。

作为团队的领导，不仅要自己培养和提升领导魅力，同时还需建立和培养团队的宽容、包容文化。让整个团队变成“大肚”可以容纳下不同文化、背景、个性的职员，将团队做大做强。

案例陈述

苏信置业通过“英雄不问出身、英雄不问资历”的包容性企业文化，容纳不同文化背景、不同个性的员工于一体，兼容并蓄，包容员工的缺点，博采众长，将这些员工凝聚到企业发展的大潮中。先后接管了原邮电旅游公司、省科研院、通信电缆厂等在内的几十名主业划转员工及基础业务发展使用的派遣制员工。后又陆续承接了多批电信员工，还从高校中招聘了一大批专业人才。

苏信置业也积极倡导“以为争位、以位促为”的管理方式，将员工的职业生涯和企业的发展壮大紧密结合，使大部

> 分员工的团队价值观保持一致，又本着求同存异的原则，包容了少部分具有不同价值观的员工，并通过改革机构、完善激励机制、加强员工的培养、举办内容丰富的文化活动等方式，促使员工的个性融于企业文化的共性当中，并为公司发展贡献能量。
>
> 自2007年以来，公司业务收入连续4年保持50%以上的增长速度，各项业务连年获得新突破。正是在良好的文化氛围中，促使苏信置业真正实现了“化腐朽为神奇”！

正是在包容文化的带动下，充分调动起了这些员工工作和学习的积极性，并凝聚在一起，在各自的岗位上发挥能量，苏信置业创造出了令人瞩目的成绩。

具有勇于承担的大家风范

担当是团队领导应具有的基本素质之一，是领导人格魅力的构成因素。它要求领导能够勇敢地与下属一起肩负起责任，能够与下属共进退。遇到问题不是一味地责怪下属，而是临危不乱，充分地调动下属的积极性，给下属鼓励与支持，一起去想办法解决，最终把事情办好，将损失降到最低。

怎样来做一个具有担当的领导，可从下面几点着手进行培养或提高。

1. 敢去冒险，同时敢去承担由此造成的后果，无论成功或是失败。

2. 不会为自己的失职找借口，更不会为自己所应该承担的责任找推脱的理由，而是去寻找解决办法，增强团队的凝聚力与向心力，提升团队的战斗力与执行力。

3. 具有强烈的责任感，对团队负责，对公司负责，对自身负责。

4. 敢去挑战团队现有不合理的管理体系，敢去完善团队的治理机制，能够承受别人所不能承受的压力，能够尝试别人所不敢尝试的事情。

5. 遇到事情不会逃避，更不会退缩，是团队的主心骨和顶梁柱。

施展自己的非权力性影响力

领导权力分为权力性影响力和非权力性影响力。权力性影响力又称为强制性影响力，主要源于法律和职位等，对他人的影响带有强迫性、不可抗拒性，它是通过外推力的方式发挥其作用。

非权力性影响力又称为自然影响力，是由领导自身素质形成的一种自然性影响力，它既没有正式的规定和上下授予的形式，也没有合法权利那种形式的命令与服从的约束力。

非权力性影响力是由领导者的品德修养、知识水平、生活态度、情感魅力及自己的工作实绩和表率作用等素质和行为所形成的。它的特点在于自然性，它比权力性影响力的力量更大。现实生活的大量事实表明，领导者影响力中起重大作用的是非权力性影响力，其影响力、感召力、吸引力非常巨大。

在非权力性影响力的作用下，被影响者心理和行为更多的是转变为顺从和依赖关系，所以它具有以下几个特点。

1. 非权力影响力是一种自然影响力，靠的是发自内心的情感，这种情感表现为领导者对下级的态度，并决定着下级是接受还是以消极的方式对抗领导。因此，非权力性影响力对下属的心理和行为的影响非常深刻。

2. 非权力性影响力影响面广泛，往往超出了领导者自己的职权范围，在更大的范围内产生影响作用。

3. 领导者的非权力性影响力是在实践中逐步形成的，所以领导者需要在实践中不断地加强自身素质的修养，才可能得到员工的接受和认可，它具有实践性。同时，若领导者努力加强的方式方法不对，那么这种非权力性影响力也可能被削弱。

一诺千金的行为准则

一诺千金可简单理解为说到做到。具有一诺千金行为准则的领导，不仅能在员工心里树立起威信，增加魅力，还能对团队事业的成功提供保证。

在实践中，怎样做到一诺千金，可从下面几点着手。

1. 说真话，办实事，不弄虚作假。

2. 说到做到，对自己所说的话高度负责。

3. 多做事，少说话，把事办好。

4. 对不了解的方面，及时弥补或请教他人，不能不懂装懂，一知半解。

5. 对目标、工作或任务进行提前规划、订立规则及把握立场，避免朝令夕改，影响工作效率。

6. 提升综合素质，外行变内行，内行变专家，高瞻远瞩，指导工作。

在实践过程中，违反一诺千金的行为准则，常见的有以下几点。

对具体事项不进行深入调查和分析，甚至没有进行过了解，就随意表态，往往不经过思考，见风就是雨。

规则和方法的制定比较随意，没有固定准则，因人而改。

光说不练，口头上非常重视和关注，实际上没有行动。

对员工的许诺不兑现，或者因过大许诺，无力兑现。

说话前后矛盾，对于肯定或指责的地方总是笼统，不能落到具体的点上。

做一个会讲故事的领导者

讲故事属于沟通的一种，具有攻破人心的威力，好的故事能打动人心，影响团队，所以优秀的领导人基本上都是讲故事的高手。用故事影响团队成员，激发他们的热情与希望，从而实现一个又一个的团队目标或是工作任务，鼓励士气。

怎样才能成为一个会讲故事的领导者，可以从以下几点来操作。

1. 对于一些个人经历，无论是成功的或是失败的，都可以将其作为一个好故事的基础，并对其进行适当加工和整理。

2. 多读、多看一些关于讲故事的书籍，注意收集和提炼故事，对故事进行研究，将其提炼成工作需要的故事。

3. 讲故事之前，注意故事中反映的价值和问题。讲故事时，注意听故事的人的反应，是否对故事中的价值认可、接受等。这点很重要，也是我们讲故事的最终目的。

4. 注意讲故事的角度，尽量使听众产生认同感，可以找个恰当的例子支持其观点最好。

5. 所讲的故事一定要明确自己想要传递的信息，要使听众明白，违背故事中心思想的后果是可悲的。

6. 对故事进行适当地加工，去掉与中心思想关系不大的烦琐细节，并让故事有个真实可信的结局。

案例陈述

老李是一名职业经理人，最近刚跳槽到另一家公司，为了拉近与员工之间的距离，同时鼓舞士气，他讲了这样一个故事。

"我们家乡有一头驴，一天驴子掉到了枯井里。可怜的驴子在井里凄惨地叫了几个小时，农民在井口急得团团转，仍然没有办法把它救起来。最后，他断然认定：驴子已经老了，这口井也该填起来了，不值得花这么大的精力去救驴子，于是农民把邻居都请来帮他填井，大家抓起铁锹，开始往井里填土。驴子很快意识到发生了什么事，起初它只是在井里恐慌地大声哭叫，不一会儿，令大家都很不解的是，它居然安静下来，几锹土过后，农民终于忍不住朝井下看，眼前的情景让他惊呆了，每一锹砸到驴子背上的土，它都做出了出人意料的处理：迅速地抖落下来，然后狠狠地用脚踩紧，就这样，没过多久，驴子竟把自己升到了井口，它纵身跳了出来，快步跑开了，在场的每一个人都惊诧不已。"

"我现在说我就是那头驴，大家还觉得好笑吗？"

下面顿时变得静悄悄的，再没有任何嘲笑的声音，在沉静片刻后，掌声雷动。

待掌声渐停后，老李接着说：

"其实，生活也是如此，各种各样的困难和挫折，会如尘土一般落到我们的头上，要想从这苦难的枯井里脱身逃出来，走向人生的成功与辉煌，办法只有一个，那就是将它们通通都抖落在地，重重地踩在脚下，因为生活中我们遇到的每一个困难，每一次失败，其实都是人生历程中的一块垫脚

> 石。我将会和大家一起去抖落身上的尘土，为公司的发展而奉献出我们的力量。所以请大家相信我，也相信你们自己，我们都会成功！”

老李用故事，做了一次成功鼓舞士气的沟通，既轻松诙谐，又通俗易懂，让员工瞬间对其充满好感和理解。

别总板着脸，那样会增加与员工之间的距离

一些领导人或管理人员认为板着脸能树立威信和权威，这样员工就能对自己保持尊重，能很好地执行命令，不会和自己谈条件、提要求。

其实，这是理解上的一种偏差，板着脸只会给员工冷漠、距离和高不可及的感觉，自然员工会敬而远之，保持“仰慕”的距离，这与领导所要具备和培养提高的亲和力正好相反。适当地微笑和放松能让员工放下防备、惧怕，多些坦诚，这样才会让员工献计献策。

案例陈述

> 小刘是一名职业经理人，平时表情严肃。他到一个新单位任职不久，发现只要他在场，无论是办公室或会议室，所有员工都显得很紧张，很安静。找下属谈话时，下属们总是哆哆嗦嗦，表现出很怕他，远离他的样子。他心里很纳闷，经过仔细了解，终于弄清楚了原因。
>
> 原来他总是板着脸，让人感到害怕。打这以后，他从“脸”上做起，经常保持微笑。过了不久，在他主持或参加的会议上或是办公室内，大家都踊跃发言。

小刘作为团队的领导，事先由于总是板着脸，让员工与他产生了距离，后来通过微笑拉近了与员工之间的距离。当然，领导也不能总是微笑，有

时也需要适当地严肃，让员工把自己当领导，而不是哥们。下面这个案例就是一个很好的证明。

案例陈述

张某是一名办公室人员，最近当上了办公室主任，成了中层领导。第二天召开了第一次办公室会议。张某在会上说："组织上安排我在这个岗位上，今后还得在座的各位大力支持啊。"接着，张某又说："以后也不用叫主任什么的，还同以前一样，以前怎么叫现在就怎么叫，大家把各自的工作做好就是了。"

之后，大家果真不叫张主任，还是按之前的叫法喊着，张某并不在意。不久，张某接到领导的指示，要撰写一篇材料。于是张某就走出办公室对下属李某说，领导要我们写一篇材料，请你辛苦一下了。李某说，这么大型的材料，我写不好，还是你自己写吧。张某说，这材料不急，有三五天的时间，你先写出初稿，到时我会修改的。李某就有点不高兴，嘴上还嘟哝着。

不久，公司召开干部职工大会，领导在主席台一落座，就对张某说，小张你这个办公室主任是怎么当的嘛，桌子上的灰尘都八尺厚了。张某赶紧满脸堆着笑说，是我失职，是我失职。但张某回到座位后，很生气，自己明明在一个小时之前，吩咐负责打扫卫生的刘某去会议室打扫卫生的呀。

张某想，自从当上办公室主任以来，自己从不摆领导架子，在他们面前一直很随和，有时还同他们开玩笑。他们为什么就不服从管理呢？于是张某又召开了办公室会议，张某这次在会上不再和颜悦色了，而是板着脸说："我虽然只是一个基层干部，但也是你们的领导。我多次强调，大家要认真做好自己的本职工作，但有些人就是不听，以至于造成办公室工作很被动，还多次挨领导批评。”

会议开了一个小时，张某就板着脸说了一个小时。张某在板着脸说话时，也留意大家的表情，张某发现有些人的脸上挂着冷冷地笑。

第二天，刘某上班还是迟到了半个小时，张某想，该整治一下这股歪风了。张某板着脸，当场做出了扣除刘某20元工资的决定。如今张某安排人办事时，不再走出办公室，也很少同他们开玩笑了。

之后，张某就再也没有听到下属喊他张某了，张某听到的是主任或是领导的谦卑声。对安排的工作也是按时完成。

在案例中可以看出，作为办公室主任的张某，一开始与员工始终保持随和亲切的管理，不会适当地板着脸，所以大家对其安排的工作总是打折扣和推脱。后来，张某学着板着脸来管理，一切才回归到正常。

总是板着脸会让员工远离你，失去亲和力和凝聚力。总是微笑和随和，则会让员工懈怠，没有责任感，感觉是在开玩笑。所以，需要在微笑和板着脸之间掌握好一个度，让它们在合适的时间出现。如对待工作严肃，对待生活则要随和。

带人过程中的几个重要提醒

带人的过程是领导或管理人员个人能力、修养、智慧及品格的展示。在这个过程中，也需要讲究一些技巧和方法，以及一些需要注意的事项。下面就来看看关于带人过程中几个重要的提醒。

软硬兼施才能带好人

软硬兼施、刚柔并济是带人或团队中必须要掌握的方法技巧。因为单用硬或刚，则会伤人，树立对手或敌人；单用软和柔，则会让队员觉得领导没有权威，好欺负，该做的工作不做、推诿或是打折扣。深谙管理之道的领导，通常会软硬兼施、刚柔并济，做一个让员工又怕又爱的领导。

软硬兼施、刚柔并济听起来很复杂，不过，我们可以在一些常见的场合使用硬和刚，如下为常见的用硬和刚的情况。

- ◆ 当员工的行为违法制度、规定，没有按照指示工作。此时，不仅可以唱红脸，还可以升级唱黑脸。
- ◆ 对已经确认的正确条款或临时规定，一锤定音，树立权威。
- ◆ 员工触犯原则性的问题，该批评就批评，该惩罚就惩罚。
- ◆ 对重复犯下的错误，就必须严厉惩罚，不能额外开恩，然只会让错误重犯。
- ◆ 让大家“冲锋陷阵”时，必须刚和硬，让大家统一步伐，一起拼搏，不能有拖后腿或打退堂鼓的人员，否则严惩。
- ◆ 损公肥私、以公谋私。

下面几项是常见的用软和柔的情况。

- ◆ 鼓励和表扬员工时，用软和柔，真心诚意和发自内心地，并将其落到具体点上。
- ◆ 员工提建议、谈想法的时候，用柔和软方式，认真倾听。
- ◆ 员工遇到工作困难或是不知所措的时候，用柔和软的方式帮助他们，指导他们的具体工作。
- ◆ 员工在生活中遇到困难或不幸，影响到工作时，这时要用柔或软的方式进行安抚。
- ◆ 对非常努力，但结果是失败的员工，用柔和软的方式进行鼓励，让其重整士气。

刚柔并济，恩威并施不一定在完全独立的事件或场合中进行，可在统一事件中进行。如典型的三明治批评法，就是先表扬，再批评，最后表扬。

纵横捭阖的管理平衡术

带领团队既是科学也是技术。科学方面主要体现在于管理是长期以来人们在实践中的经验总结，并将其加以分析和整理，形成系统，成为理论。技术，在于管理者能将资源和人才进行有机整合，让整个团队正常、高效地运转。其中，最为一种常见的技术，是让团队资源和人力等处于一种有机的平衡中。

（1）人才结构平衡

团队中的人才，如同五弦琴，高、低、中音都得有，不仅需要决策者，还需要执行者，更离不开监督者，这样才能弹出完整美妙的音乐，才能让整个团队的人才结构平衡。若是缺少某类人才，要及时补充，哪种人才过多，则要挑出。同时，合理调节、配置和使用各类人才，让他们在各自岗位上发光发热，各尽其才。

团队中形成各种小团体或势力时，若自己的力量无法掌控，则需在团体和势力之间相互制衡，使其形成一种平衡。

（2）赏罚平衡

赏与罚要平衡、公平和适度。有赏就有罚，有重赏也就有重罚，根据功与过的大小进行适度的赏与罚。

（3）集权与授权平衡

授权会激发员工的积极性和能动性，起到激励的作用。不过，过度的分权会导致权力滥用、失控。过于集权，则会让下属觉得受到埋没。所以，集权与授权要保持一个平衡点（关于授权的具体知识在第 7 章将会有详细的讲解）。

做员工愿意追随的强者

人性中有一致命的盲区——崇拜强者，会不自觉地对强者进行崇拜和跟随，并将其成功作为自己的成功，将其获得的荣耀作为自己的荣耀。在带团队或管理团队的过程中，领导要获得权威，赢得队员的跟随，首先自己要成为一个强者。怎样成为一个强者，可从下面几个方面着手。

1. 提升业务能力和管理能力，让专业技能精益求精。

2. 带人遵守制度规范，讲究原则。

3. 提升自身的人格魅力，增强自身的凝聚力。

4. 提高自身对判断能力、事务发展规划和预见能力。

5. 提升复杂情况的处理能力，工作上的决策能力。

6. 加强宣传、鼓动能力。

7. 做事公平、公道，工作勤奋。

8. 秉公职守，尊重下属，能容忍之过。

9. 关心员工生活现状，在员工遇到困难时，主动了解和关心，并给予相应的帮助。

10. 保持积极向上的心态，保证让员工看到前途和光明，对工作前景和团队未来保持希望。

11. 严于律己、宽以待人，不断提高自己的管理和协调能力。

第2章 ○ 带好人，领导者必须做的事

作为团队领导，不仅要学会怎样带人，而且还要学会怎样带好人，从而把团队工作效率提升上去。尽管领导不能事事亲力亲为，但是其中的一些事是领导必须要做的。到底是哪些事呢？在本章中将会具体介绍。

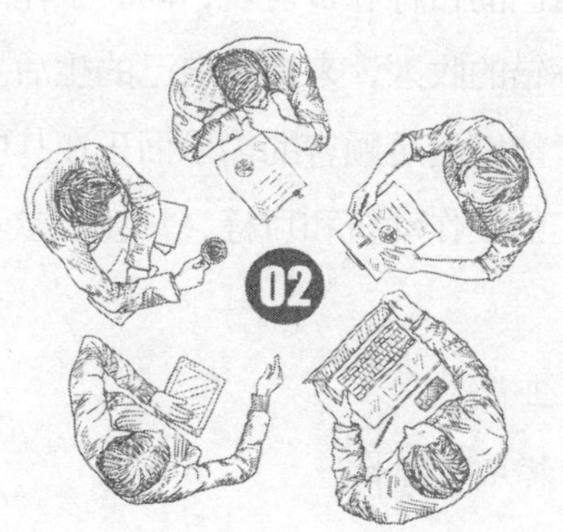

领导应该做的事

团队中每位成员都有自己的职责，领导作为团队的一员，也有自己应该做的事情，除了做一些与团队全局事务有关的事情外，还应对队员的“行为”进行了解和掌握，知道他们的工作动机、目标及烦恼，帮助他们解决问题等。下面我们就介绍几件常见的领导应该做的事。

掌握下属的工作动机和目标

每个员工都有自己的目标和价值观，同时工作的动机也不尽相同，有人为了能够有一份不错的收入，来提高自己的生活。有人是为了将来创业而工作，有人是为了能够满足顾客的需求而乐在其中。总之领导的工作之一，就是弄清楚员工的工作动机和目标，具体可参考如下的几种方法进行操作。

- 观察员工的工作。
- 掌握员工的特点和特长。

◆ 与员工（包括离职员工）进行坦诚交流，掌握他们的喜好和厌恶。

◆ 试着让员工表述理想的工作环境。

◆ 使用一些调查问卷，对员工进行调查和测试。

了解员工的工作动机和目标，主要目的是制定出激励工作积极性的措施。这些工作动机和目标总的归结起来，主要有五个方面（层级依次增加）：生理需要（吃穿住行）、安全需要（让自己免于威胁或侵害）、社交需要（营销力、归属感、友谊等）、尊重需要（社会地位、自由、成就感、认可、尊重、荣誉等）、自我价值实现（价值、理想、潜力等），如图 2–1 所示。

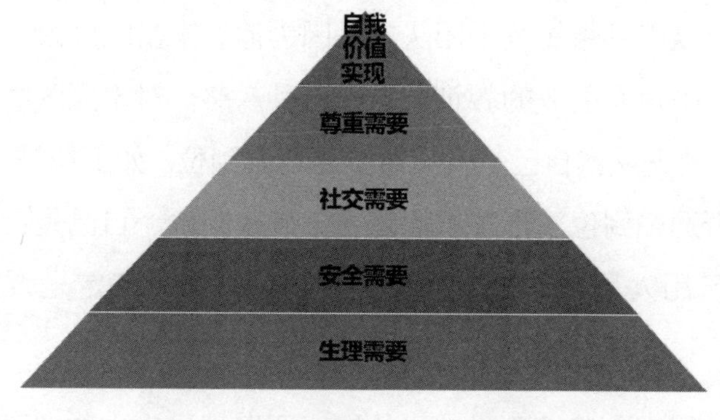

图 2-1

对于不同的动机和目标需要制定出不同的方式，比如对于普遍的生理需要可让团队的薪酬制度更加合理和具有挑战性。对社交需要、尊重需要及更高层级的需要可通过完善晋升渠道、授权或职业规划的方式来实现。

让对方了解你的同时反省自己

与下属进行面对面地交流时，无论是一对一还是一对多，他们都会下意识感到紧张，不能敞开胸怀进行交谈，也不能顺畅表达自己的观点或想法，当然也就不能达到一个理想交流结果。这时作为领导，可以先展示自己人性化的一面，让下属卸下防备，缓解紧张情绪，让其更容易表达出自己的想法。

在实际操作中人性化地展示自己，并不是把自己那些家庭琐事、个人癖好等展示给员工，而是将一些习惯、爱好、出生地、生日等展示给他们，如喜欢的电影、明星、运动或者是一些小趣事等。

在员工的见面会上，为了消除员工的紧张感，可以先将自己的一些喜好或个人信息告知大家，然后让员工介绍自己。如兴趣爱好、特长、个人记忆最深或有趣的经历等。

在认定是下属的错之前，请先反省自己

领导之所以能够带领整个团队，是因为他有丰富的经验，有足够的能力。当然，其中也有失败的教训，走过各种弯路。对于团队中的成员，当他们犯错时，要先反省自己是否没有把工作做到位。如工作是否交代清楚、相应人员是否通知到位、指导方法是否正确或明确、自己是否把整件事情弄清楚、自己用人是否得当、监督是否到位等，再确定是否是当事员工的错。

在这个过程中，若发现是自己的错，要坦诚讲出，如“事先我没有了解到其困难程度”“在开始时，我也没有交代清楚”及“开始时，我没有把方法分解开来，有些抽象”等。这样，下属心理会瞬间放下负担，并觉得领导是一个有担当的人。切记不能把自己的错推卸给下属，这样只会让下属心里不服气，与领导之间产生裂痕，觉得这个领导水平一般，不值得跟随，这样不仅不利于团队的团结，还容易导致管理上出现问题，甚至出现人才流失。

即便不是自己的错，对犯错的当事员工也不能认定是他工作不努力、没用心或毅力不够等。需要找到解决问题的思路或具体方法，甚至是合适人选等，保证工作和任务能够及时完成。

若是犯错下属情绪低落、失去自信或不敢去做怕再次犯错，作为领导，此时可将自己以前的失败案例或教训等进行分享，让下属觉得自己和你一样，是“同路人”，更愿意接受你的教导。

如何了解下属的烦恼

在团队中员工都有自己的烦恼，这些烦恼一部分来自团队或工作中，作为一个领导应该及时了解下属的烦恼。

要了解下属的烦恼，最有效的途径之一就是让下属主动开口说。怎样让员工开口说呢？答案就是问。设置一些能让下属敞开心扉的问题，特别是那些不需要思考就能够回答的问题（这些问题可以与工作没有关系），如“来公司的路上堵吗？”“现在外面在下大雨吗？”“公司旁边的那家饭店，你吃过吗？味道好吗？”等，先营造一种轻松的氛围，不过，最后的落脚点仍然要回到工作中。

通过问的方式，主要是针对目前或简单的烦恼，对于一些深层次的烦恼，领导可通过调查问卷来了解，如下面一份员工调查问卷部分。

案例陈述

1. 你认为公司目前的工作环境（ ）

A. 很好　B. 较好　C. 一般　D. 较差　E. 很差

2. 你希望哪方面有所改进：______________

3. 你与同事的工作关系是否融洽（ ）

A. 很融洽　B. 较融洽　C. 一般

D. 较不融洽　E. 很不融洽

4. 你认为冲压车间的主要问题是什么（ ）

A. 技术 B. 市场 C. 管理

请简述理由＿＿。

6. 从冲压车间内部和外部不同角度看，车间有什么缺点和不足？＿＿＿。

7. 你认为公司从目前的状况来看，公司是在朝哪方面发展？是会越来越好，还是越来越差，从哪些方面可以反映这个现象？＿＿。

8. 你对冲压车间最不能容忍的现象是什么？对改变这种现象，你有什么办法？＿＿。

9. 你认为公司最缺少什么精神？＿＿。

10. 你对公司的其他建议：＿＿＿。

提高工作效果应该做的事

领导带领团队，最直接的目的就是提高工作效率，把大家的积极性和生产效率提升上去。怎样才能做到呢？对于领导而言，这是一个一直存在的问题。下面我们就介绍几件领导为提高工作效果应该做的事。

成为“被信赖的上司”

被人信赖是一件非常幸福的事情，而对于团队领导则是一件既幸福又必要的事情。因为只有被下属信赖，团队才具有凝聚力和向心力，才能将分散的队员力量扭成一股，聚集起来去完成自己的目标任务，这也是一个良好的领导所具备的品质。

要成为一名值得信赖的上司，可将出发点或重点放在如下几个方面。

1. 信赖是相互的，要想让下属信赖自己，首先要信赖下属，信赖他们的工作能力、担当和责任意识等。

2. 对下属做出的承诺，最好全部兑现。若不能兑现，则要解释原因，并尽最大努力进行补救。

3. 对下属关注和关心，时常与他们进行交流，对于下属的努力、付出和成绩给予肯定、鼓励和赞扬，创造一个促使下属奋发图强的良好工作氛围。

4. 为下属布置任务后，可补充道“有不明白的地方可以问我”“遇到困难时随时找我”“需要帮助时，你可以直接问我”等，让下属心里感觉有依赖。

5. 下属做错事情或没有按照要求完成任务时，对其批评要做到心平气和，并指出其错误或不足的地步，尽量找到解决或弥补的方法、思路等。

6. 热爱自己的工作，保持热情，并将这些热情和积极正面的能量传递给下属。

7. 在与员工进行谈话时，不要轻易打断他们，最好耐着性子，认真地听完下属的谈话，哪怕是一些抱怨或牢骚等。

8. 在工作中保持一种谦虚的心态，对于一些不懂的问题，可请教下属。

领导≠权力掌握者

团队领导有五大管理职能：计划、组织、指挥、协调和控制。不同层次的领导者都涉及这五大职能，不同的是领导的层次不同，其职能内涵也会有所不同。如果认为领导者仅用权力来引导下属完成工作任务目标，这将是一个极大的误导。因为权力本来应该属于从事管理职能的人员掌握和使用，领导主要是在其基本权利的基础上应用影响力，否则就容易形成官僚主义，所以领导≠权力掌控者。

领导的基本权利，在团队中主要有如下几种表现方式，并在团队管理中应用。

（1）法定权

法定权，是团队按照一定程序和形式赋予领导者的权力，具有法定权威性。领导可在职权范围内行使、运用有关权力，进行命令或指示的发布，被领导人需服从。在团队中这种权利通过相关政策和规章制度产生。

（2）奖励权

奖励权，也就是给予或是取消员工奖励或报酬的权利。包括工资和奖金的增加、职务的晋升、表扬、培训、岗位的调配、工作条件的改善等。当然，无可争议的是这种权利是建立在利益遵从性的基础上。所以，若下属觉得听从领导者的安排或指示，可获得更多利益好处时，他们会更加愿意服从其领导。

（3）强制权

强制权，是通过物质或精神上的威胁，让下属服从的权利。显而易见，这种权利建立在下属惧怕惩罚的心理上，是一种惩罚性的权利，如扣罚奖金、降低薪酬标准、降级、免职等。不过，其目的是让下属服从领导，听从安排或指挥。

（4）统御权

统御权是因领导者的特殊品格、个性或个人魅力而形成的权力。其基础在于下属对领导者的信赖、尊重、爱戴和认同等。来源于领导者个人的感召力、公正无私、知人善任、同情心、凝聚力及领导能力和创新能力等。所以，它只与领导者个人有关，与职位没有直接的关系。

（5）专长权

专长权是领导者具有某种专门技能或知识，而获得的权利。通常这种权利得到的是下属的敬佩和理性崇拜。领导者要获得这样一种权利，需要具备如下两种能力。

- ◆ 领导者本人受教育程度高，学识渊博。
- ◆ 精通本行业务，并具有丰富的实践经验。

养成发现团队成员优点的习惯

优秀的领导通常具有发现员工的优势，将其放在合适的岗位上，让其优势转化为业绩。那么，领导该如何去发现员工的优势呢？

1. 相信团队成员都有自己的优势，都有自己的闪光点，直接利用这些优势比开发员工的潜能会产生更多的利益。

2. 多关注员工，抱着没有“平庸的人”，只有“平庸的管理”的想法，在团队成员身上发现有价值点，加以引导和开发。

3. 换一个角度看缺点，也就是用辩证的方法来发现团队成员的优势，把员工身上的缺点，转换为某种相对的优点，放在合适的岗位上。如爱挑毛病的人，可将其放置在质量检测岗位上，就能 转换为优点。

4. 若员工的优势不容易被发现，可通过“试”的方法挖掘出来。常用的方法是给予当事员工多种机会，让其多次尝试，同时允许在尝试的过程中犯错，并且时常给予激励。一旦发现其潜在的优势，投入精力乃至财力帮助其开发，放大潜在优势。

掌控全局应该做的事

如果把团队比作一部机器，那么队员就是零部件，有大有小。领导不仅要将他们放置在合适的部位，让其发挥效应，使整部机器正常高效运转外，还需有掌握全局的能力，对整部机器的使用、维修、保养、调配等都有一套明细清楚的方法。这是团队领导应该做的事情。

要分清什么是“问题”，什么是“限制”

在领导团队的实际过程中，会面对任何类型的情况。不过，作为全局的领导者在面对问题时，要分清什么是“问题”，什么是“限制”。“问题”是指可以找到方法弥补或挽救的事，重点在于可以挽回或补救。“限制”则被定义为人力无法改变的事，如地震、洪水、国家宏观政策、经济危机等。当然有些情况既是“问题”又是“限制”，如一家公司因为甲银行不为其继续贷款，导致公司关闭。其中限制是甲银行不为其贷款，已无法挽回。“问题”是公司关闭，但可通过其他融资或贷款渠道进行贷款，让公司“复活”，可以人为补救和挽回。

在处理具体事务时，就需要领导者有智慧，能将复杂“问题”和“限制”分清楚。下面是两种常见的把“问题”和“限制”划分清楚的情况。

- **把“问题”当作“限制”：** 这样只会让问题持续存在，且得不到解决。同时，还会将问题严重化，主要原因是错误认识，没有主动地找到解决方法。如员工工作积极性不高，这时一些领导则认为这些问题是天生的，没法改变，自己无法引导等。
- **把“限制”当作“问题”：** 不愿意接受客观存在的结果，虽然付出了很多努力，结果都是徒劳。例如，团队失去一个重要客户，而且客户已明确拒绝，并与其他公司正式签订合同，一些领导者主观地认为还有机会，尝试各种方法或使用各种关系，结果证明是徒劳的。

当面对“限制”时，作为团队的领导，应采取如下措施或姿态。

1. 接受“限制”的客观事实，不做无用、徒劳的努力或尝试。

2. 通常“限制”都会带来不可更改的结果，这时，领导应关注结果，并采取相应办法来处理。

3. 将“限制”转换为新的转机，正所谓“山重水复疑无路，柳暗花明又一村”，努力发现“限制”结果后的新希望，切换思维，不钻“牛角尖”，不走“死胡同”。

每天花点时间帮助从未主动找你求助的下属

团队中的每位成员，都是团队的一部分，是团队的关键，而且不可或缺，没有人是“路人”或“旁观者”。不过在大量事件中发现，一些队员处在团队的“冷宫”中，有时甚至是“路人”，他们从不找领导寻求帮助，有时甚至会忽略其存在。

对于这类员工需要花一点时间在他们身上，特别是在帮助上。不过在帮助时要讲究一定技巧。

1. 不要强制进行帮助（或干预），若是在某个时段或场合，当事队员不愿意接受或需要你帮助，此时就不要进行任何帮助，否则将会带来强烈的反感情绪。

2. 在帮助前，可对当事员工的过去或现在值得肯定的地方进行认可和赞赏等。拉近彼此之间的心理距离，让其容易接受自己的帮助（不一定认可、肯定、赞赏之后就进行帮助，要视情况而定）。

3. 一些队员会觉得自己面对的问题不可改变，即使在他人的帮助下同样如此。这时为其提供额外可用信息，让其觉得目前问题是可以通过其他方法改变的。

4. 对于一些影响或拖慢团队目标、任务的下属，这时可通过权威性来提供强行帮助。

婉拒你办不到的事，锻炼员工自己解决问题的能力

队员向自己提出需求帮助时，也可能会办不到，这时不能直接对需求帮助者说“你自己想办法”“我也不知道怎么办”等话语进行拒绝，如果这样队员应该不会再次寻找你的帮助，因为在他们心里已经形成了“问领导也是白问”的心理。这时作为领导最应该做的事是进行婉转拒绝，让他们自己去解决，锻炼他们自己解决问题的能力。

在实际操作中领导面对哪些帮助可以进行婉拒，让员工自己解决呢？大体有如下几种情况。

1. 队员提出的帮助需求非常模糊或模拟两可或是一些笼统问题，如

“最近总觉得工作上出了问题”“感觉工作气氛不对”等。当进一步深问，他们往往只能自己意会，而不能表述清楚。

婉拒方式：让其把模糊或笼统的问题具体化，引导去思考并解决问题。如“感觉工作气氛不对”，我们可以进一步提问：“你在什么时候觉得气氛不对？”或“工作时怎样做才能让气氛对？”等。

2. 队员提出一些自我否定，如“本来打算向其他前辈请教，但是又不敢，因为我太内向了”“如果当时提高投标金额，项目完全能拿下，可惜当时没有这个魄力”等。

婉拒方式：相信他们自己能把相应的事务处理好，给予他们鼓励，增加他们的信心，有时可加以引导。

3. 队员提出一些推卸责任的需求帮助，这类需求往往伴随着他人的过失，导致自己的工作没有完成，或是只有他人做了，自己的工作才能完成，否则就无法完成。这是典型的推卸责任或有条件的需求。

婉拒方式：对于这类需求帮助，若是一些条件当事人完全无法完成，这时可通过自己的权限进行协调或命令等。若这些条件，纯粹是推卸责任，那么可反问“在没有他们的支持下，你可以完成哪些工作？”“你的工作中哪些不需要其他人员的配合？”等。

第3章 ○ 如何正确处理与下属之间的关系

作为团队领导，责任是带领下属共同来完成既定的任务和目标。在整个过程中都需要下属的全力支持配合，所以领导与下属之间的关系就成为一组重要和主要的关系，需要方法和技巧来巧妙处理。在本章中我们将会主要介绍领导与下属的关系处理的技巧和方法，同时也会讲解与平级的关系处理方法技巧。

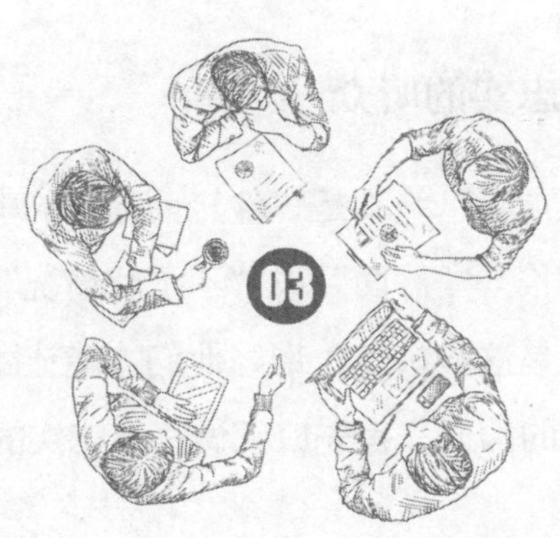

与员工之间多一些沟通

沟通是一个双向的行为，也是一个互动的过程。沟通双方一个要善于表达，一个要善于倾听，通过双方沟通、倾听、反馈再沟通、倾听、反馈的循环交流过程，才能明确沟通的主题和问题的解决办法。同时，沟通的双方只有积极配合，才能使沟通的目的得到实现。作为团队的领导人要带好人就必须深谙沟通之道，正确地将自己的想法传递给员工，同时接受员工的反馈信息。正如美国著名财经杂志《产业周刊》评选的全球最佳CEO——乔尔玛·奥利拉（诺基亚公司）说，一个称职的CEO要具备的素质有两条，沟通的能力和对人进行管理的能力。

积极倾听，做忠实的听众

作为团队领导人“听”绝不是一件轻而易举的事，因为有些时候会觉得员工的想法很“幼稚”“片面”或“不了解情况”等。但必须注意，领导的直接目标对象就是这些员工，带好他们才能让团队的任务目标得以完成。所以要达到高效的沟通，首先应该做一名忠实的听众，积极倾听。

在倾听的过程中，不是闭上嘴巴就行，需要讲究“听”的技术。具体可参看如下几点来进行。

◆ 表示出兴趣，如身体前倾。
◆ 全神贯注。
◆ 该沉默时沉默。
◆ 选择一个安静的地方。
◆ 留有足够的时间用于辩论。
◆ 注意非语言暗示，如赞同对方时点头等。
◆ 没有听清楚的地方，以疑问的方式重复一遍，如这里的金额是14万元还是44万元?
◆ 发现有明显的遗漏或漏洞时，直截了当地问。
◆ 放下个人偏见和自我中心。

在听的过程中，最好不要有如下这些行为。

◆ 在听的过程中，不要与队员争辩。
◆ 不要随意打断员工的说话。
◆ 不要做一些与谈话无关的事情或动作。
◆ 不要过快或提前做出判断。
◆ 不要过于草率得出结论。
◆ 不要被员工的情绪直接影响或左右。
◆ 避免虚假的反应在对方没有表达完自己的意见和观点之前，不要做出如“好！我知道了”“我明白了”“我清楚了”等回应。这样只会阻止你认真倾听员工的讲话或阻止了员工的进一步解释。

下面是一则公司领导和部门负责人（领导直接下属）沟通的案例，其中就有很好的倾听。

案例陈述

朱总："真的是想给大家一个惊喜，这一年公司效益不错，是大家的功劳，考虑到大家辛苦了一年，年终了，是该轻松和高兴一下，我的目的也达到了。"

部门经理："也许是计划太好了，大家都在争这10个名额。"

朱总："当时决定10个名额是因为觉得你们部门有几个人工作不够积极。你们评选一下，不够资格的就不安排了，就算是对他们的一个提醒吧。"

部门经理："其实我也同意领导的想法，有几个人的态度与其他人比起来是不够积极，不过他们可能有一些生活中的原因，这与我们部门经理对他们缺乏了解，没有及时调整都有关系。责任在我，如果不让他们去，对他们打击会不会太大了？如果这种消极因素传播开来，影响不好吧。公司花了这么多钱，要是因为这3个名额降低了效果就太可惜了。我知道公司每一笔开支都要精打细算。如果公司能拿出3个名额的费用，让他们有所感悟，促进他们来年改进。那么，他们多给公司带来的利益要远远大于这部分支出的费用，不知道我说的有没有道理，朱总您能不能考虑一下我的建议。"

朱总：好吧，你让我再考虑一下。

恰当表达，让队员愿意听

作为团队领导我们要将自己团队的想法、建议、命令及安排等，都需要"说"给队员听。那么，在整个说的过程中，怎样操作才能让队员愿意听，从而达到沟通的目的。

作为领导，我们要对队员谈话或表述之前，应该明白这样一些基本要求，如表 3–1 所示。

表 3–1　领导说话的基本要求

基本要求	含义
知道说什么（What）	明确沟通的目的
知道什么时候说（When）	掌握沟通的时间，控制沟通时长
知道对谁说（Who）	明确沟通的对象
知道怎么说（How）	掌握沟通的方法（用合适的方法进行表述）

在对下属进行说的过程中，需要保持如下一些良好的心态，让队员能认真倾听。

1. 带有谦虚的心态。

2. 说话要真实、诚恳，控制说的内容长度，不能太冗长。

3. 说话要真正、公义，同时要冷静、有耐心。

4. 拒绝以自我为中心。

同时，作为领导说话表达时，可讲究如下一些技术性。

◆ 多说鼓励的话，给队员基本动力。

◆ 多说包容的话，让队员觉得被理解。

◆ 多说宽怀的话，让队员感觉到温暖，增加友谊。

◆ 多说尊重的话，激起队员的同心。

◆ 多说商量的话，让队员更加愿意接受。

◆ 少说批评的话，批评可能会产生一定的阻力。

◆ 少说拒绝的话，避免拉开自己与队员之间的心理距离。

◆ 少说讽刺的话，以免让队员内心感到轻视和卑微。

◆ 少说命令的话，避免队员机械接受和执行，从而缺乏能动性。

对于不同的事，作为领导可以用不同的技巧来对队员说，如下是一些常见的方法。

- 急事，慢慢说。
- 小事，幽默说。
- 没把握的事，谨慎说。
- 没发生的事，不要乱说、胡说。
- 做不到的事，不轻易承诺。
- 上级的事，多听少说。

减少沟通的层级

与队员最常用的沟通方法是交谈，它的优点是快速传递和快速反馈，在这种方式下，信息可以在最短的时间内被传递，并得到对方回复。但是当信息经过多人传送时，口头沟通的缺点就显示出来了。

在此过程中经过的人越多，信息失真的可能性就越大。每个人都以自己的方式理解信息，当信息到达终点时，其内容常常与开始的时候大相径庭。图 3-1 所示为一份沟通层级与信息传递的递减示意图，而且层级越多的信息失真越严重。

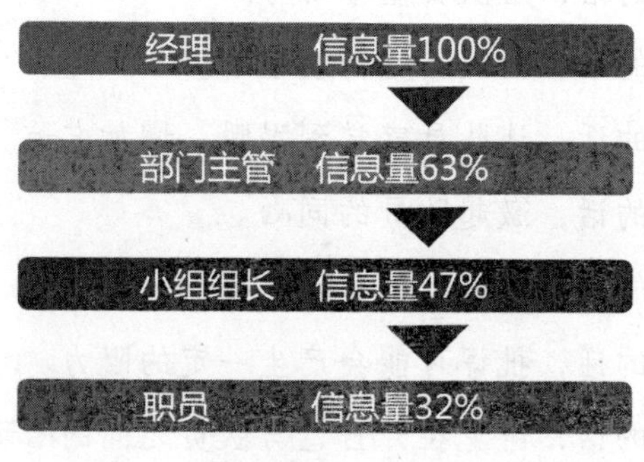

图 3-1

所以在现实的管理带人工作中，管理者或是领导在与队员进行沟通时，也应当尽量减少沟通的层级，越是高层的管理者越要注意与员工直接沟通。

为避免沟通过程中信息的失真，我们可以精简机构，建立一支精明的团队，根据组织的规模、业务性质、工作要求等选择沟通渠道，制定相关的工作流程和信息传递程序，以保证信息上传下达渠道的畅通，为各级管理者决策提供准确可靠的信息。也可以通过召开例会、座谈会等形式传递和收集信息。

团队沟通原则

团队的沟通在一定程度上就是管理，甚至可能比管理更重要。所以在沟通过程中，我们要严格遵循七大原则，以保证整个沟通的准确、公正和得到接受认可，从而得到执行。

（1）以目标原则进行沟通

团队的成员都会带有不同利益、不同知识结构、不同的处理事情方法，以及不同性格和喜好等。要让这样一个群体，协同完成一项工作，就必须用目标作为根本原则让大家对于工作的结果达成一致，对共同的利益达成一致，从而采用统一协调的步骤和方法来完成。正如，被誉为管理学大师的彼得·德鲁克所说的“工作沟通的根本就是目标沟通”。

这种以目标为根本原则的沟通方法，可用在如下的一些情况中（也就是在多套方案、解决方法和多种目标之间进行选取）。

- 对于项目的完成，可以采取A方案，也可以采用B方案，同时还存在C方案，各有优劣，请你告诉我应该用哪一个方案?
- 高管目标是通过项目早期要快速积累用户。而项目主管的目标是我需要通过项目快速盈利。这时该采用哪种目标。
- 对市场扩展时，是先对一线城市进行开发，还是对二线城市进行开发。

作为团队领导目标原则一般围绕着五个方面取舍，也就是常用到的SMART原则，它包括如下五点。

◆ Specific——明确性

要用具体的语言清楚地说明要达成的行为标准。明确的目标几乎是所有成功团队的一致特点，如减少客户投诉，过去客户的投诉率是3%，把它减低到1.5%或者1%。提升服务的速度，使用规范礼貌的用语，采用规范的服务流程，也是客户意识的一个方面。

实施要求：目标设置要有项目、衡量标准、达成措施、完成期限及资源要求，使考核人能够很清晰地看到部门或科室月计划要做哪些事情，计划完成到什么样的程度等。

◆ Measurable——衡量性

衡量性是指目标应该是明确的，而不是模糊的。应该有一组明确的数据，作为衡量是否达成目标的依据。比如在什么时间完成A项目的前期准备工作，以3个月为期限，若少于3个月则为理想，多于3个月就为不理想，这样目标变得可以衡量。

实施要求：目标的衡量标准遵循“能量化的量化，不能量化的质化”。使制定人与考核人有一个统一的、标准的、清晰的及可度量的标尺，杜绝在目标设置中使用形容词等概念模糊、无法衡量的描述。对于目标的可衡量性应该首先从数量、质量、成本、时间、上级或客户的满意程度六个方面来进行。如果仍不能进行衡量，可考虑将目标细化，细化成分目标后再从以上六个方面衡量，如果仍不能衡量，还可以将完成目标的工作进行流程化，通过流程化使目标可衡量。

◆ Attainable——可实现性

目标是要能够被下属（也就是员工）所接受的，如果领导利用一些行政手段，或者利用权利性的影响力一厢情愿地把自己所制定的目标强行压给下属。下属典型的反应是一种心理和行为上的抗拒，最常见的是可以接受，但是否完成这个目标，有没有最终的把握，则不能确定。一旦有一天这个目标完成不了的时候，下属有多个理由可以推卸责任，常见的托词如"你看我早就说了，这个目标肯定完成不了，但你坚持要压给我"。

所以，团队领导者应该更多地让下属来参与目标制定的过程，或是团队整体的目标。当然这个目标在制定过程中，不要先想达成的困难，不然员工的热情还没有点燃就被畏惧给打消了念头。

实施要求：目标设置要坚持员工参与、多做沟通，使拟定的工作目标在组织及个人之间达成一致。既要使工作内容饱满，也要使其具有可达性。

◆ Relevant——关联性

关联性是指实现此目标与其他目标的关联情况，也就是要和岗位职责相关联的。如果实现了这个目标，但与其他的目标完全不相关，或者相关度很低，那么这个目标即使达到了，意义也不是很大。比如让一前台学习常用商务英语口语，以便接电话的时候用得上，这时候提升英语水平和前台接电话的服务质量有关联，即学英语这一目标与提高前台工作水准这一目标直接相关。若让其去学习六西格玛管理，意义就不大了，因为前台学习六西格玛这一目标与提高前台工作水准这一目标相关度很低。

◆ Time-bound——时限性

时限性是指目标是有时间限制的。如公司将在2016年10月31日之前完成制定项目。那么2016年10月31日就是一个确定的时间限制。没有时间限制的目标没有办法考核，或者带来考核的不公。上下级之间对目标轻重缓急的认识程度不同，领导着急，但下属不知道。到头来领导可能暴跳如雷，而下属觉得委屈。这种没有明确的时间限定的方式也会带来考核的不公正，伤害工作关系，影响下属的工作热情。

实施要求：目标设置要具有时间限制，根据工作任务的权重、事情的轻重缓急，拟定出完成目标项目的时间要求，定期检查项目的完成进度，及时掌握项目进展的变化情况，以方便对下属进行及时的工作指导，以及根据工作计划的异常情况变化及时地调整工作计划。

下面是公司领导使用目标原则来进行方案取舍的实例，同时也是使用目标原则来与下属们进行会议沟通的案例。

案例陈述

苏北某高技术含量公司，主要生产和经营变压器，但由于经营不佳，亏损严重。公司领导与相关下属进行对策讨论，在这期间制定出了两项改革方案：A 方案是提高科技开发的投入比重，由 1% 提高到 5%，同时解雇大部分职员，对剩下的职员进行岗位技能的培训。B 方案是提高销售成本比例，由 3% 提高到 12%，保持职员不变，降低职员工资。两项措施都比较有力地推动了企业的经营。这在企业内部引起了一定的争执。

经过多方面的数据计算和现有市场的情况调查发现，B 方案这些高比例的销售费用中有相当一部分被产品推销人员用来作为回扣或向有关人员送礼打开市场了，而且收到市场回报的期限在 3 年左右。A 方案将会缩短资金的回报效率，在 2 年内将会达到预定的目标——转亏为盈。所以，领导决定采用 A 方案，而放弃 B 方案。

然后，在一次临时的会以中，将两种改革方案的取舍情况传达给全体职员。顺利使用目标原则完成团队改革方案的一次性沟通。

（2）用态度、方法和工具沟通

沟通的第二个原则：用态度沟通、方法沟通和工具沟通。其中态度沟通是前提，它要求沟通双方要有互相认可、相互承认的态度，这样才能保证后面继续沟通有效。

方法沟通主要是指沟通要讲究一定的方法，对于一些用语言无法表达或传递的信息，可以使用打比方、讲故事或是用一些场景让对方来理解，让其真正能听懂、感受到，到最后理解和认可。下面是一则通过讲故事的方法。

案例陈述

小刘是高等院校毕业的应届毕业生，找了一份对口的工作，觉得自己学历高、本事大，常常不把公司的前辈们放在眼里，与前辈之间有一些意见上的冲撞和小争吵，小刘觉得前辈们没有想法，而前辈们又觉得小刘不切实际、异想天开，常常是纸上谈兵。这样一来，矛盾在整个团队中日益明显。作为领导看在眼里，在一次相对轻松的私聊中，为小刘讲了《水上飞》的故事。

领导：有一个博士分到一家研究所，成为学历最高的一个人。有一天他到单位后面的小池塘去钓鱼，正好正副所长在他的一左一右，也在钓鱼。

他只是微微点了点头，这两个本科生，有啥好聊的呢？不一会儿，正所长放下钓竿，伸伸懒腰，蹭地从水面上如飞地走到对面上厕所。博士眼睛睁得都快掉下来了。水上飘？不会吧？这可是一个池塘啊。

正所长上完厕所回来的时候，同样也是蹭地从水上飘回来了。怎么回事？博士生又不好去问，自己是博士生啊！过一阵子，副所长也站起来，走几步，蹭地飘过水面上厕所。这下子博士更是差点晕倒，不会吧，到了一个江湖高手集中的地方？

博士生也内急了。这个池塘两边有围墙，要到对面厕所得绕十分钟的路，而回单位上又太远，怎么办？

博士生也不愿意去问两位所长，憋了半天后，也起身往水里跨：我就不信本科生能过的水面，我博士生不能过。只听见咚的一声，博士生栽到了水里。

两位所长将他拉了出来，问他为什么要下水，他问："为什么你们可以走过去呢？"

两位所长相视一笑："这池塘里有两排木桩子，由于这两天下雨涨水正好在水面下。我们都知道这木桩的位置，所以可以踩着桩子过去。你怎么不问一声呢？"

小刘听完忍不住笑出声音来。

领导："小刘，你知道这个故事告诉我们什么道理吗？"

小刘："……"

领导："这故事告诉我们，学历代表过去，只有学习力才能代表将来。尊重经验的人，才能少走弯路。一个好的团队，也应该是学习型的团队。"

小刘："以后我要放下高学历身段，多听前辈的意见，向他们学习。"

工具沟通是指我们借助一些工具进行沟通，最常见的就是各类沟通表单。将沟通行为抽象化、规范化，最终达到管理沟通的结果。如表 3-2 和表 3-3 是员工沟通表的常见样式。

表 3-2　员工沟通表

项目	填写（员工）
本月有何成绩?	
本月有何失败的事情？原因何在?	
本月是否被领导指责过？如何改进?	
请举出工作上困难、烦恼的地方?	
在工作方面，本月是否有新的构思或改善建议?	
对项目、领导、工作环境有何意见或希望。	
请把本月进修的事项写下来。	
健康状况如何?	
家中有何变动，喜庆、健康、乔迁等皆可列出来。	
在工作方面，本月是否有新的构思或改善建议?	

表 3-3　项目信息沟通报告表

项目	详情
报告日期：自　年　月　日　至　年　月　日	
自上一次报告以来的主要成就：	
项目实施的当前状态：	
进度执行情况：	
费用执行情况：	
质量执行情况：	
范围完成情况：	
上次报告会发现问题的解决情况：	
项目当前出现或遇见可能出现的问题：	

续表

项目	详情
解决这些问题的方案有哪些，计划采取的措施是什么：	

（3）上下级以分享、合作、赏识和合作原则沟通

上下级沟通是团队沟通中最重要的沟通，也是团队沟通中最主要、最能有效提升工作效率的沟通，但同时也是最容易产生无效沟通的环节。因为其中存在沟通的身份不对等，容易造成强势、权威、走过场的情况出现。所以上下级沟通过程中需要抱着合作的态度、服务的态度、赏识的态度和分享的态度进行沟通。下面是一则失败的上下级沟通案例。

案例陈述

小刘刚办完一个业务回到公司，就被主管叫到了他的办公室。

主管："小刘，今天业务办得顺利吗？"

小刘："非常顺利，马主管，我花了很多时间向客户解释我们公司产品的性能，让他们了解到我们的产品是最合适他们使用的，并且在别家再也拿不到这么合理的价钱了，因此很顺利就把公司的机器，推销出去100台。"

主管："不错，但你完全了解了客户的情况吗？会不会出现反复的情况呢？你知道我们部的业绩是和推销出的产品数量密切相关，若他们再把货退回来，对于我们的士气打击会很大，你对于那家公司的情况真的完全调查清楚了吗？"

小刘："调查清楚了，我是先在网上了解到他们需要供货的消息，又向朋友了解了他们公司的情况，然后才打电话

到他们公司去联系的，而且我是通过你批准才出去的！”（兴奋的表情消失了，取而代之的是失望的表情）

主管：“别激动嘛，小刘，我只是出于对你的关心才多问几句的。”

小刘：“关心？你是对我不放心吧！”

在案例中可以明显看出是主管做错了，关心下属的业务，本应是赞许和欣赏的态度，但由于沟通上的错误，被下属认为是怀疑自己的业务能力。而小刘由于业务能力受到怀疑，没有用平和的心态来看待这个问题，给以后开展的合作带来困难。

其实，对于具体任务或项目沟通，可将任务或项目的各个环节进行最小化、量化，最后落实到具体的可执行上。具体体现在如下几点。

- ◆ 对自己要负责的事务进行缜密思考，弄清楚自己需要做什么。若有不明白的及时进行请示。
- ◆ 理解领导要做什么，然后把这些指示翻译给员工。如果指示中存在任何问题或者不明确的地方，在行动之前先问清楚。
- ◆ 不要顺从地接受，可以做出各种解释的笼统指示，同时也不要向队员发出这样的指示。
- ◆ 在对下属的做事方法上提出不同的意见，甚至是某一政策的具体细节问题，使其最小化，不过一定要在自己的权利范围内。

（4）部门之间以均衡利益为原则

在一个大团队中存在多个部门，这些部门之间难免会因为各种直接或间接利益而产生摩擦或矛盾。这时作为团队的带头人要进行实效的沟通，当然这种沟通需要以均衡利益的原则为指导。让矛盾的部门之间付出和收获达成一种相对平衡，从而解决摩擦或矛盾。

案例陈述

张某是一家科技公司的主管，下有两个直属部门，这两个部门在工作上处于流程的一前一后，工作关系十分密切。但两个部门的关系却很微妙，项目进展顺利时合作关系还好，但一碰到需要承担什么风险，或是需要对什么错误负责的时候，就开始相互推脱，有了功劳一定要有自己的份，而如果出了什么事就一定要推脱得干干净净。

结果，即使是很小的事情，也经常上报到高层领导。部门之间总有一种相互不信任的气氛。本来能够两个部门合力一起解决好的问题，往往因为在谁对最后结果负责的纠缠中，增加了问题的复杂性，也拖延了解决问题的时间。

主管张某经过一番考虑后，采用了以下几个解决方法：

1. 让两个部门的负责人寻找一个时间坐下来进行详细沟通，共同分析研讨目前两部门合作中存在的一些问题，并实事求是地向对方说清楚自己部门和个人对这些事实的基本看法。然后在充分交换意见的基础上，先做好两件事：一是对两部门合作存在的问题达成共识；二是停止相互指责，共同面对这些问题，转而从流程和沟通制度上寻找解决问题的方法。

2. 在以上分析研讨的基础上，张某让两个部门各自分别召开专题研讨会。

3. 通过集体研讨，对两位部门负责人提出的问题及建议解决方案进行深度二度研讨，通过负责具体工作的同事，深化对问题的理解，并且将解决问题的流程建议和沟通制度设计完全深入具体日常工作的细节中去，目的在于：使两部门所有同事而不只是两位负责人对合作问题及解决方案建议达成共识，同时也使两部门所有员工通过研讨明白了自己以往工作中存在的不足之处，以及接下来要实施的改进工作中自己应当做什么，还有这样做的理由是什么。

4. 由两部门负责人总结研讨结果，并整合两部门研讨成果，将其转变为两部门都共同认可的一个合作问题及解决建议方案。

5. 由两部门负责人联合署名，将研讨结果形成书面工作流程建议文件和沟通制度建议，并在呈交报告做口头要点说明。

6. 张某自己完善了工作流程和沟通制度之后，主持召开一次两部门骨干或全体员工大会，宣读解释新的工作规划，确保所有员工都清晰知道自己以后应当做什么、怎么做。

7. 张某让两部门负责人及主要骨干发布感言，确保核心人员完全理解并真正支持新规划的实行，以防止新规定成为一纸空文。

从案例中可以看出这两个部门之间的矛盾是利益之争，主要表现是不合作、不信任，只管争功诿过，不讲求整体效率。其心理大体如下：一是希望有功时能够全部或部分归功于自己，有过时则希望全部或部分归于别人，以保持、巩固、提升部门在公司的地位。

而主管张某则在利益均衡的原则上进行各项任务、责任的落实，以及具体到两部门的员工应该做什么，非常成功地处理了不同部门之间的沟通管理问题。

及时疏导情绪，消除员工心中的负能量

负能量也就是一些消极情绪，它影响着员工工作的效率。直接表现为抱怨、散漫、浮躁、冷淡、妒忌、散播谣言等。作为团队的领导者，应该重视员工的情绪管理工作，及时疏导员工的负能量，避免其无限制的被传染性和扩大，并尽可能地将其转换为正能量，从而提高工作激情和效率。

在团队之间产生负能量的问题主要包括以下几个方面：薪酬问题、工作环境、同事关系和部门关系等。作为领导者要疏通职员心中的负能量，就必须知道是由哪方面问题引起的，然后再采取相应的沟通和处理方式、方法。

在具体操作中可以采用以下沟通的方法策略。

（1）重视

作为团队领导，面对团队中的负能量，要给予足够的重视，大体弄明白是由于哪方面引起或激发了这些负能量。同时对负能量的传播进行控制。

（2）冷静

面对团队中的负能量，如下属抱怨时，应该做到让自己先冷静、沉住气，不要激动，更不能拍案而起，这样做只能使矛盾升级。反映管理者缺乏经验，对于解决问题也是毫无益处。

（3）倾听

在一个适合交谈的环境中，如办公室、会议室等，让那些充满或传播负能量的队员开口说，倾听他们的意见和想法，不随意打断或反驳，从而获得更多的信息，了解到他们心中负能量滋生的“源泉”，找到可以沟通的切入点。

（4）沟通

在沟通的过程中，作为团队领导，要掌握三个要素：直接、信任和坦诚。

其中“直接”是指在与队员沟通时要开门见山，如“你对工资薪酬不满意吗？”“你觉得上次安排不合理吗？“你觉得最不能接受的是什么？”等。不要拐弯抹角，不然对方不知道谈话的主题是什么，当然也就解决不了问题。

“信任”是要求领导清楚地认识到，队员的负能量是由于工作原因产生，不是个人情绪，做到就事论事，杜绝把个人情绪带到其中。

“坦诚”是要求领导在沟通中能直接面对由于管理或带队方面客观存在不足或问题的承认，有时可以对其坦白一些实际情况等，不用遮掩或辩解等。从而真正地解决矛盾，消除队员内心的负能量。下面是一则领导处理队员抱怨负能量的案例。

案例陈述

龙某是公司经理。近年来，公司发展速度较快，人员众多，但不认同公司经营理念的员工也不占少数，一些负能量的抱怨声音扩散开来。比如认为公司奖金提成太低，工资差旅费太少，工作时间太长，各项制度不合理等。

面对这些抱怨，龙某先是沉住气，认真分析职员之所以不认同公司经营理念的原因：①认为奖金分配不合理，拿的钱少了；②认为工作时间太长，超出了法定的工作时间；③认为公司的各项制度不合理等。

然后，他在与抱怨公司奖金提成太低、工资差旅费太少的员工谈心时，开诚布公地和他们进行核算，去年回款为

600 万元，图书成本、发货成本等各项费用约 300 余万元，员工提成、主管奖金约 50 万元，办事处费用、员工工资、差旅费每月约 5 万元（年约 60 万元），此外还有税金、管理中心、支持系统成本费用等，可以说公司几乎赚不到钱，假设价格高了，提成自然就高。

与认为工作时间太长的队员谈心时，龙某并不否认地表示了，公司的工作时间是不短，但只是同一些事业机关单位相比而言，有些工厂每天工作十几个小时，而且都是苦力活，我们公司晚上加班主要是组织学习，因为我们缺乏经验，含金量还不够高，所以需要学习，现在也有很多人在报各种培训班，提高自己的各项能力……

就这样，龙某很快地消除队员中的抱怨，及时疏通了职员中的负能量，营造出了良好的团队环境和氛围。

主动沟通，把误解和矛盾消除在萌芽中

在团队中往往会因为地位或权利的差距、工作的分配、考核的实施、奖励的兑现及人员的配资等导致误解，各种关系不协调的矛盾。这种矛盾主要出现在上下级之间，多表现为不满、怨言或怨恨、行为上的不配合、不支持，甚至是相互拆台、出难题等。

这时要及时主动沟通消除分歧，把误解和矛盾消除在萌芽中或初级阶段，以防扩大和漫延，从而形成统一行动，维护团队利益和整体运行效率。

1. 作为上级的处理方法

当自己处于这组矛盾的上级位置时，在整个消除误解和矛盾中可参看如下几点进行。

（1）及时找到可能产生的矛盾，并对其进行分析，与可能存在矛盾

的另一方约定时间进行沟通，以寻求矛盾的解决。尽量在误解和矛盾明朗公开化之前进行沟通，把误解和矛盾化解在萌芽之前，当然这需要有一定预见性。对于已经形成抗拒心理和激动情绪的下属，需要在其抗拒心理和激动情绪有所缓解之后再进行沟通。

（2）与对方约定时间、地点进行面对面地沟通交流（最好是选择对方乐意接受的地点和时间）。同时在沟通前做好准备，仔细分析误解和矛盾产生的原因，预测对方可能的态度和反应，确定解决思路和应对的措施方法等。

（3）在沟通过程中，对于误解矛盾的发生形成，勇于自我批评和承担责任，同时展示出消除误解、化解矛盾的诚意。

（4）在沟通过程中充分地尊重下属，多以换位思考的方法来分析误解或矛盾可能给对方带来的负面影响，必要时可进行相应的解释说明，从而达到心理上沟通的目的。

（5）鼓励队员主动找自己沟通消除可能存在的误解或矛盾，如绩效加分、级别评定加分等。

2. 作为下级的处理方法

当处于下级的位置与领导产生误解或矛盾时，可以按照如下几点进行处理。

（1）当领导主动就所发生的误解进行沟通时，给予积极回应，同时对领导给予信任。

（2）不以敌对的心理来对待领导，不把领导对误解的解释当作辩护。

（3）若是感觉到误解矛盾的存在或可能产生，可主动找领导进行沟通，以“我感觉到可能存在误解”这样的话来开始。同时，也可以书面方式分析可能存在的误解或已经存在的矛盾，从而将其消除。

重视员工会议，坚决不搞一言堂

员工会议也是一种沟通方式，目的是做出重要指导方法或决策，它需要队员的讨论或思想碰撞。作为团队领导，在团队会议中需要鼓励大家积极发言，积极发表看法，从而避免自己一个人唱独角戏，一言堂，做到集思广益。

在团队会议中，怎样让队员积极发言与参与讨论，关键操作点有以下的几项。

- ◆ 鼓励队员大胆说出心中想法，畅所欲言，开诚布公，无论是批评或赞赏都要认真倾听，虚心接受。
- ◆ 对于不赞成、批评或是挑刺，不能记仇，更不能打击报复。
- ◆ 放下架子，融入团队成员中，让队员打开心扉，把自己当作可以依赖的人。
- ◆ 尊重队员，对于“不一样”的声音，不能盲目否定，也不能把错误归咎到他人身上，更不能以个人好恶否定他人。

下面是一则典型的一言堂团队会议案例（本应是大家积极讨论企业目前的销售困境）。

案例陈述

李某，是一家制造公司的总经理，由于市场竞争激烈加剧，特别是一些独狼式的销售对手出现，公司产品的市场占有额持续下降，她意识到公司正步入一个严峻的时期，所以，需要制定出对应的策略，为了能够集思广益，她主持召开了一次团队会议，但在整个会议中，却出现了这样的一言堂情况。

首先，她说："我之所以召集各位出席这次会议，是想说明一下我们目前所面临的严峻的经济形势。我们正与那些眼睛发绿窥视着我们市场的'狼群'狭路相逢，他们迫使我们不断降价，不断缩短发货时间，已经让我们感到喘不过气来。如果我们公司想继续生存下去，就必须团结打拼。"

一位市场部的负责人建议道，我们是否可以与有实力的同行联手，以规模效应来占有市场。

李某回应道，现在只能通过降价、缩短发货时间来赢得客户，挽回市场，其他方法是根本行不通的。

此时，在场的每一位参会者正襟危坐，不敢随便发言。因为他们心里知道在这种氛围下，开口发言就意味着与总经理唱对台戏。

李某接着说："让我进一步解释我的意思。首先，我们需要发挥想象力。目前，需要积极思维，每个人都必须同仇敌忾。我们必须优化生产，绞尽脑汁，不放过任何一个环节，削减成本。为了实施这一项削减成本的紧急计划，我已经在外面物色了一位高级生产经理来协助完成。"

"其次，我们要提高质量。在本公司，质量意味着一切。每一台机器、设备都要由生产主管负责定期检修。当机器轰隆隆作响开始生产，就表示主管已经对该机器的质量、性能做出认可。在质量上，没有任何东西可以被视为微不足道，可以轻视。"

"再次，我认为值得一提的是，要加强我们的销售队伍。客户是我们的生命线，尽管他们不一定总是对的，但是我们仍然要像安抚绵羊一样温和地对待他们。我们的销售代表都要学会'推销自己'，要使每一次拜访都有成果。我们对销售代表的补偿是非常公平的，即使如此我们仍将努力做到最好——对那些困难重重、进展缓慢的项目提高销售代表的佣金。我们将在董事会上讨论具体事宜，当然我们不会超出成本。”

“最后一件事是团队精神，这是我们首当其冲要加强的。只有我们抱成团，否则别想成功。领导风范就是团队精神，团队精神就是拧成一股绳实现共同的目标。你们是管理层的代表，非常清楚我们的目标。现在就让我们上下同心，齐心协力，去度过这一场危机。”

当这位李经理结束其总结时，每一位参会者马上起立，恭敬地站在椅子旁，注视着这位总经理收拾文件，离开会议室通过小门走到她的办公室。

在本例中可以明显看出，李经理“霸道总裁”式的会议，与其预先的群策群力、集思广益、共渡难关的想法背道而驰，从而出现了宣布结果的一言堂会议。

推心置腹才能解开沟通中的死结

在沟通过程中，有时容易出现一些疙瘩，而且不容易解开，甚至出现死结。面对这种情况，作为团队管理者，我们需要推心置腹地进行沟通，特别是在与下级和平级的沟通中。

（1）与下级沟通推心置腹

无论是在沟通的初期或过程中，还是在出现沟通死结后，都应持有诚恳的心态来进行。主要表现在如下一些方面。

1. 作为领导心里必须清楚，与下属只有职位高低之分，没有人格或尊严高低之分。人们普遍拒绝被管理的心态，所以在沟通过程中必须放下架子，在相互尊重的基础上，心平气和地与下属沟通交流。

2. 不要因为自己是领导，就拥有绝对的话语权，在沟通过程中一定要注意控制自己的情绪，不能给人居高临下、不可一世和强压的氛围，因为这样只能激起下属内心的不服，将矛盾激化升级。所以，控制自己的情绪特别重要。

3. 在沟通中，必须注意语言，不要说出一些伤害下属的话，也不能是特别讲究用词的华丽，让下属不能接受或不愿意接受。必须抱有真诚沟通、平等对待心理进行交流沟通。

4. 与下属沟通中，必须做到换位思考，从下属的出发点和利益角度去沟通，从而找到契合点达成共识。让下属觉得领导是在为自己着想，是自己可信赖的人，不是敌人或对手，放下戒备真诚沟通。

下面就是一则领导与下属真诚沟通的成功案例。

案例陈述

【背景】

近一段时间，××公司从各院校招聘了一批学习优秀的毕业生充实公司各个部门。小杨在导师的推荐下，被招聘到该公司技术部，部门内有一位科班出身的王某带她学习业务。小杨的学习成绩一直很好，成长道路比较顺利，性格比较开朗，喜欢把自己的想法告诉大家，一起讨论研究问题。她认为，经过4年的学习自己掌握了扎实的专业基础，而之所以选择这份工作也是因为该公司规模适中，发展速度较快，她觉得自己在这里施展能力的空间较大。

但到公司实习一个星期后，小杨就陷入了困境。在学习业务中，她感到力不从心，很多工作中的问题，她感觉带她学习业务的王某不是很愿意和她说话，这让她产生了两难的困惑，是继续在公司工作还是辞职。

【沟通过程】

部门主管：“小杨啊，你在跟王某学习业务中有些浮躁，语气不太谦和，态度不行啊。”

小杨：“是嘛，有这个问题？难怪王某最近不愿意跟我说话，感觉她不愿意带我呢！”

部门主管：“小杨，你上进心很强，工作也很认真，在公司今后发展中会有所作为的，但是王某觉得你性子有点急，说话有时候不太注意方式，尤其对前辈感觉不够礼貌，这让她很担心你啊，所以为了以后你能够很好地处理同事关系，她才建议我和你谈谈，希望你可以改善一些。”

小杨：“嗯，好的，经理，我会尽快适应公司工作生活，学会为人处事，与同事们搞好关系，积极向王某学习！”

（2）与平级沟通推心置腹

与平级沟通最明显的一点就是没有上级之分，相互间没有约束力，在职位上真正平等，要实现推心置腹的真诚沟通，可从以下几点出发。

1. 积极主动与当事方进行沟通，而且是面对面地直接沟通，特别是对于不容易说清楚讲明白的事，否则这样容易让信息失真，导致矛盾升级。

2. 在沟通过程中，可适当地抛开“公司利益至上”“集体利益高于一切”的思维方式，因为这样会让对方觉得自己是公司利益或集体利益的不拥护者或背叛者，从而导致沟通阻碍。

3. 找到自己与对方的利益、危害或目标共同点，表现出我们是一根绳子上的蚂蚱，需合作、和解，而不是对抗。

4. 从对方的角度出发，切实考虑对方的难处或困难，多以尊重和商量的语气进行沟通。

5. 一定要做到三不要，没有准备的话不要说、没有依据与数据的话不要说、情绪欠佳的时候不要说。

下面是一则成功的平级之间沟通的案例。

案例陈述

销售部王经理突然向财务部的郭经理提出增加部门预算的要求。王经理认为，销售部对公司的贡献突出，部门工作业绩远好于其他业务部门，而公司给予本部门的财务预算相比较低，造成很多市场动作不能顺利地展开，影响了一些地区的销售额，一些业务骨干甚至因此以离职相要挟。

郭经理则认为，目前公司处于快速成长期，极需要现金投入，而且公司创造现在这样的业绩是各个部门通力合作的结果，并非一个部门的功劳。况且如果今天答应了销售部的要求，明天生产部又提要求，后天研发部也来提要求，企业该怎么生产、工作和发展。

最后，郭经理给王经理算了一笔账：“王哥，我觉得增加市场预算是应该的，但是什么时候加，该加多少，咱们需要好好的合计一下，毕竟这是大事啊！等咱俩有了统一的想法后，我负责向老总提出要求，你说呢？”

王经理看到自己的要求被重视，很高兴，问道："那你说什么时候加，该加多少？"

"王哥你看，你是元老，咱们公司的什么事都不可能瞒得了你，去年我们的销售额是 2 500 万元，但是我们的生产成本是 1 600 多万元，除去交税和其他必要的开支，我们的纯利润在 500 万元左右，今年我们投入新品开发和改善员工福利就花了 300 万元左右，流动资金就只有一百多万元，如果我们不能够进一步提升销售额的话，公司很可能出现负债经营的局面，这不我现在正在着手招兵买马，希望能够给你多补充几个像小李那么能干的下属，今年的销售任务是 4 000 万元，如果我们能够顺利地完成，我一定帮你申请增加预算，毕竟我们是一家人，就得给销售部最大的支持，你看怎么样。"郭经理诚恳地说着。

"好，记住你说的话，如果完成任务，你必须给我们增加预算。"王经理满意地说道。

郭经理回应道："一定，一定，你放心，绝对没问题，到时候老总不批我负责去给你要。"

在本例中，两位同级的经理，之所以能有效真诚地沟通，解决经费是否增加的问题，在于整个沟通过程中都是以积极主动、相互尊重的态度进行沟通，同时都是以相互尊重、体谅，并从对方的角度出发，其中，财务经理更是以有力的数据和现实情况作为真诚沟通的点。

对待不同的下属要讲方法

作为领导或团队的领导，会面临不同类型或个性的下属，他们有各自擅长的地方，要带好他们就必须做到具体问题具体分析，对症下药，同时要讲究方法，正如被尊为华人管理教育第一人余世维，所说的“管理就是用合适的方法管人管事”。

对业绩差的下属先认可再找原因

业绩是对下属当前一段时间工作成果的直接表现，有优秀的，有差的。对于业绩差的下属，作为领导，我们的目的和出发点必须是帮助他找到原因和解决的方法，不能仅仅训斥和警告，甚至一些业绩差的下属会为了躲避训斥或警告，会故意躲开领导。这样会让一些心里承受能力较差的下属产生自我怀疑，否定自己的一切，从而引起连锁反应或叠加效应，这是我们不想看到的。

那么，作为领导，应该如何对业绩差的下属进行疏导呢？总体上可以采用先认可再找原因的模式，大体操作步骤如下。

- **第一步**：对最近发生的任意事件表示认可，让下属放松，明白谈话目的不是训斥或警告。
- **第二步**：陈述最近业绩差的事实。
- **第三步**：表示信任，让下属知道自己并不是怀疑其能力或是没努力、没用心。
- **第四步**：询问问题，达成共识，让下属说出导致业绩差的客观原因或问题，然后共同讨论找出真正的问题所在。
- **第五步**：指出具体的解决方法，其中包括下属自己的应对方法和为下属指出的方法。

下面是领导对业绩差的下属谈话实例。

案例陈述

小王是一名销售员，业绩一直排在公司的前几名。在8月份，小王的业绩出现了不达标的情况，这时他的直接领导为了了解情况和帮助小王解决问题，他们进行了一次谈话。

领导：你前一段时间提议的新员工培训方法很有效，为团队减少了不少的工作，真了不起。

小王：也是突然想到的，没有什么的。

领导：最近一段时间怎么呢？好像不在状态，业绩数据不是很好哦。

小王：8月的业绩确实不好，没有达标。

领导：不用泄气，你一直都很努力。

小王：谢谢领导。

领导：有没有找到原因？

小王：最近的客户总是疑虑，抱着观望和多看几家的心态，迟迟不签约，但又不直接拒绝，大体就是这样了。

领导：有没有想到好的对策？

小王：暂时还没有好的对策。

领导：嗯，我们一起来想想办法……

若是业绩一直很差或者业绩一直处于下滑的下属，我们就需要从如下几个方面着手：

1. 从薪资构成上来判断是否合理，若不合理可进行相应调整。

2. 根据下属的个人能力更改个人业绩指标数据。

3. 为下属设定不同的工作目标，让下属有方向感。

4. 一起寻找解决方法，如销售人员可协同攻关，重要客户一同拜访。

5. 进行专业化培训，有针对性地提高下属的专业素质。

让有养精蓄锐想法的下属继续努力

一些优秀的下属，有时会提前达到业绩，甚至是超额完成业绩，这时的他们多会有养精蓄锐的想法，作为领导要想让其继续努力、多做事就得有一定的小技巧，否则下属会不太乐意接受或委婉推脱。

作为领导，我们要明白业绩的完成需要下属的努力和付出，所以要对其进行慰问。要想让其多做事，就必须有让其行动起来的动力，也就是需要激励，如图 3-2 所示。

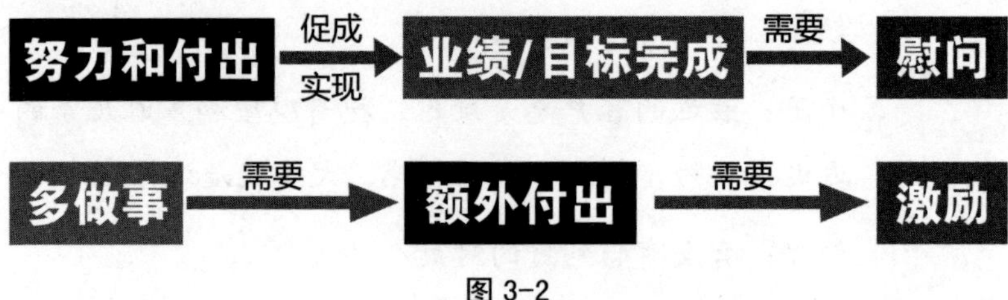

图 3-2

一般慰问都是一些表示辛苦之类的语言上的表示，激励主要是下属期望的或在意的，在第八章中将会具体介绍。下面是一则领导对达标的下属提高业绩目标的谈话实例。

案例陈述

领导：小张，你这个月的业绩看来已经达标了，辛苦了。

小张：谢谢领导平时的关照。

领导：这个月由于团队新添加几名新手，加上其他原因，这个月的团队目标，可能达不到了。这些你也是知道的。

小张：是的。

领导：如果团队的每一位队员都向你这样，何愁团队业绩不达标。

小张：我能做些什么？

领导：打乱你原有的计划和安排，真是不好意思。希望你这个月能做出超额的业绩，同时能带一带新进团队的队员，实际指导他们的工作方法。作为团队，我会考虑将你提名为区域主管，同时提高个人级别。

小张：要在剩下的时间内超额完成业绩，还要带新人？有点困难。

领导：我知道，确实有些困难，哎，没办法，情况逼人。这些新手若不经过熟手的带领和指点，我们团队下个月的业绩指标恐怕又很难实现。当然，这对于你以后作为主管也是一种实际帮助，我以前也是这样过来的。

小张：我会尽力的。

对忙而无功的下属要聚焦在事而非人上

有些下属平时非常忙碌，也非常努力，在工作上很用心，只是表现在结果上没有那么成功。作为领导，我们必须看到他的付出和努力，同时，要针对其工作制定出具体的方式和方法，帮助其努力得到结果，付出得到回报。

作为领导，对于这类下属，他们需要的是认可和帮助。认可其努力和付出，帮助其找到解决方法。所以，领导就不能将问题集中在人的身上，而是事上。可向他们分享一些自己有过同样的实例，让他们敞开心扉，表示并觉得不是自己不行，而是方法的问题。

在询问他们问题时，领导需要避免提出一些对人有针对性的问题，其具体如下。

- 你是怎样工作的?
- 你把心思都放到哪里去了?
- 你可以多动动脑筋吗?
- 结果就是这样，你自己看看?
- 你和其他人做同样的工作，为什么你就做不到呢?
- 你在这件事上花了多长时间，这样安排你觉得合理吗?
- 这就是你的工作结果?

我们可以问一下对事的问题，具体如下。

◆ 最棘手的问题是哪里？
◆ 具体问题出在哪里？
◆ 哪里有困难吗？
◆ 在哪个环节上出现问题，弄清楚没有？
◆ 这个项目本身就很复杂，容易出错，你最容易在哪里迷惑？
◆ 对于软件上的操作，有哪里不清楚的？
◆ 失败的主要原因是什么？

对进步缓慢的下属多认可忌比较

我们的下属能力不是完全一样的，特别是学习能力，总是参差不齐。学习能力强的进步快；反之，则进步慢。作为领导，我们需要区别对待，不能一视同仁，不能以 A 的要求来要求 B，因为这样只会打击 B 的积极性和自信心。

在实际工作中，对于进步缓慢的下属，容易出现两个常见的问题，一是看到其进步，但由于不能完全达到期望值，而全盘否定。二是无意将其与其他进步快、进步明显的下属做比较，如“你看看某某，和你一起进公司，人家现在都能独当一面，你再看看你，简单的文件都处理不好”“这件事如果交给某某，早就完成了”“你还要需要多长时间才能独立起来，某某已把你甩开很长一段距离了”等。

作为领导，应该告诉自己，在带人的过程中一定要有耐心，对进步缓慢但不断付出的下属，需要我们的认可、肯定和鼓励。对于他们，我们最好的方式，是用现在和过去进行对比，肯定现在的进步。同时，不要因为他们的一时错误或没有达到目标，而否定他们的所有努力。

下面一段对话中，领导就明显犯了两个错误，一是与其他下属进行对比，二是否定所有的一切。

领导：年会的演示文稿制作得怎么样了？

下属：还有一些细节需要完善。

领导：哪些细节？

下属：一些转场动画和部门明细数据。

领导：部门明细数据不是一开始就需要准备的吗？从我布置这个任务开始到现在都有半个月的时间了吧？还有这些问题，真不知道你是怎么搞的？

下属：……

领导：早知道是这样，就应该让小张来做。

对有欠缺的下属先认可再指出努力方向

一些下属能力和经验都非常强，能将领导布置的任务圆满完成。但是一些下属专业技能和经验都有所欠缺，交给其的任务往往不能尽善尽美完成，常常是漏洞百出。

作为领导的我们，对于这些能力和经验欠缺的下属需要进行鼓励和帮助。其中，鼓励主要是对任务中完成得比较好的部分进行认可，让下属感觉到付出还是有一定的回报，然后指出欠缺的地方并给出其改进和完善的方式方法。这样一种先认可再指出更正和完善方法的思路模式，让下属更乐意和主动接受任务的更正或完善事实。

有一点，需要领导们明白，在为下属指出欠缺或不完善地方时，这时可以提供大体方向，而非自己去亲力亲为，避免下属产生依赖感，失去解决事情的独立思维能力，同时，也不利于后面同样问题的解决，甚至会出现同样的问题。下面的对话，就明显地体现了领导对欠缺下属的先认可再指明改进和完善的谈话思路。

领导：新产品推广的文案制作好了吗？

下属：刚完成，这是最后的整个方案内容。

领导：还挺快的。

下属：……

领导：新产品的信息展示还是比较全面，图片样式也很不错，我们的客户一定会喜欢的。我们的文案很有内容，建议添加目录页和封面，你觉得怎么样？

下属：好的。

领导：关于目录和封面的制作，有不明白的地方吗？

下属：封面的设计方面拿不准。

领导：具体的设计方案，待会儿我让设计部的小林来和你商量一下，你觉得行吗？

对业绩不好的年长下属要肯定其过去

“娃娃领导，胡子兵”是现在职场常见的一种模式，即领导较为年轻，而下属比较年长，这样很容易出现年长的下属心里不平衡，对组织安排的不满意，轻视年少的领导，对“娃娃领导”的不信任，吹毛求疵，挑刺找茬，搪塞应付，指手画脚，有的甚至拉帮结派来抵制工作，展示出不服从管理的姿态。年轻的领导很难与之打交道。

对于年长的下属，不仅应该报以适当的尊重，还应该放下领导的架子，以礼贤之心争取理解与支持。对于年长的下属若是业绩不好或没有达标，我们要怀着帮助他的心态去沟通和处理，然后让其更有效地为团队工作。

在实际操作中，作为年轻的领导可以采用这样一种常见的模式，首先对其过去的成绩进行认可和肯定，然后找出问题的所在及对应的方式方法。比如下面一则简短谈话实例。

领导：老张，最近几个月的业绩不是很理想，工作上遇到困难了吗？

老张：最近业绩确实不行，请放心，我一定会努力的。

领导：在公司您可是经验最丰富的了，以前您的业绩都是排名前5的，多次受到公司的先进个人奖励，让很多后辈钦佩不已，都想希望能变成像您那样——轻松搞定客户。

老张：……

领导：现在很多客户都在对信息的来源发生着改变，很多竞争对手的也在不断地适应这种方式，传统的“跑”业务正在发生变化，希望您能及时使用这些新的渠道和方式。

老张：我也会适应这种变化，一会儿就去向小张他们请教，怎样来使用这些新的销售途径。

领导：我也会学习和研究，一有收获我们再相互交流心得。

在沟通交流前，领导一定要事先分析出导致业绩差的主观原因和客观原因。在交流过程中一定要指出其业绩不好是事实，这时就不需要顾及面子了。

除了使用谈话沟通的方式来处理年长下属的业绩差问题外，还可以结合绩效考核规定或制度及个人年终奖系数来处理，让年长的下属从心里产生动力，而不是表面敷衍和配合。

对延误交工的下属要对症下药

下属延误工作是领导最不愿意接受的，而且最容易心烦气躁。很多时候会直接责问下属，如“为什么总是不能按时完成任务？”“为什么总是延期？”“按时完成任务有那么难吗？”等。对于下属延误交工，特别是对于总是延误交工的下属，首先需要弄清楚他们延误交工的原因，大体上有如下几种。

（1）讨好他人

这类下属往往缺乏自信，对于他人的要求常常是来者不拒，只是希望能够做得更多，赢得别人的肯定，受到喜爱，最后是做了太多不是自己份内的工作，严重耽误了自己的工作进度。对于这类下属我们可以提醒他们，若是手头上有着急的工作要做，在安排其他临时任务前要提出来，再考虑是否将临时任务安排给他，当然，只需领导营造一个良好的沟通氛围。

（2）工作安排不当

这类下属在面临多项工作时，往往不能有效安排工作的先后顺序，没有及时分清工作的轻重缓急，因此导致工作延误。对于这类下属，可以通过引导将交给他们的任务放在首位来解决。

（3）惯性拖延

这类下属有一种习惯性拖延，总是习惯把工作拖到最后一刻，通过加班熬夜等方式来完成，这是最常见的时间运用不当的类型。但他们对于自己拖延的行为一点儿也不觉得有错。

一些惯性拖延的下属是因为害怕自己无法达到所要求的标准，受到责骂，所以一拖再拖。对于这类下属，最好的方式就是消除他们担心做不好的恐惧。领导应事先沟通准时完成工作的重要性，并提醒他们哪些地方因为时间的关系而无法做到最好，可以事后再调整，这样的做法可以减轻他们的心理负担。同时，在安排工作和任务前，大体确认整个时间的进度安排。

（4）完美主义

这些人为了达成心目中完美的标准，总是一再地拖延时间，总是无法确切回答完成的时间。而且为了追求完美，他们无视于一切的规则或是规矩。他们认为必须有非常突出的表现才能成功或是被组织所接受。同时，他们的心里非常害怕被批评和否定，所以一定要做到最好。

对于完美主义的下属，可以鼓励他们在完成工作之前，尽量找其他的同事讨论，或是随时做进度报告，并给予一些改进的建议。通过频繁的讨论，可以让他们学会接受别人的意见，避免产生抗拒的心理。同时也可以让他及早做出调整，以免等到最后完成时，结果发现不符合你所要求的，反而挫折感更大。

（5）不知道工作内容

一些下属在内心对领导存在着“怕”的心理，在和领导工作交流中，由于紧张只会回答“是”“好的”“知道了”等，即使在不清楚的情况下也是这样回答。当他们独自面临布置的任务时，脑海一片空白，不知道自己该做什么，同时又不敢及时询问，害怕被批评，导致不能按时完成布置的工作任务。

对于这类下属在领导布置工作或任务后，让其大体描述工作任务内容，有必要的让其当场试着做一部分，并要求隔一段时间向自己报告工作开展进度。

（6）不知道该怎样做

一些下属知道工作内容，以及具体该做什么，但由于不知道操作方法，又羞于向其他同事请教，一个人在那里闭门造车，导致工作无法按时完成，造成延期。

对于这类下属，在配置任务前可大致询问其解决方法和思路，同时在其过程中进行实时询问，如“还没有开始，你觉得哪里最难？”“为什么还没有开始，问题出在哪里？”“有什么难做的地方吗”等。

（7）考虑太多

这类型的员工非常有纪律，对时间斤斤计较。总是要求自己一定要在规定的期限之前完成工作，而且是大幅提前完成。但是他们心里容易觉得提早完成工作的行为，也会引来同事的不满，认为这是他们用来邀功、拍马屁的方式。

对于这类的下属，最好的方式就是让他们直接面对内心对于混乱或不确定的恐惧。可以让他担任某个项目或是工作小组的领导人，学习如何为别人承担责任，顾虑其他人的需求，如何接受不在预期范围内来自其他人的要求，让他们变得更有弹性。

无论是哪种原因造成工作无法按时完成，我们都可以通过安排一份项目的完成时间进度表来有效克服。图 3–3 所示为员工工作进度时间表模板（部分）。

本周已执行的工作					
核查	优先级	计划工作内容	执行计划情况	完成日期	执行状况备注
□	1				
□	2				
□	3				
□	4				
□	5				
下周工作计划					
核查	优先级	计划工作内容	预计产出	预计完成日期	备　注
□	1				
□	2				
□	3				

图 3–3

对于思想僵化的下属要多从管理分析原因

职员思维僵化主要体现缺乏能动性和创新性，通常是中规中矩、按部就班，甚至是照搬照抄、死守教条、不知变通、缺乏做事的朝气和创新的能力，面对新问题和新情况，没有新办法。脑袋里始终想的是老一套方法和各种先例，认为以前是怎么操作的，现在就应该继续坚持，只要保证不出现问题就能完成任务目标。一旦遇到新问题便不知所措，拿不出及时应对的切实办法，导致整项工作进度缓慢。

现在的员工，由于受到普遍的高等教育，基本上都有自己的想法，对事物具有多角度的思考，不缺乏创新的意识。在一个团队中，职员出现思维僵化，可能会是如下几种原因。

1. 团队的规定和管理人员的规则性太强，条款太多，将员工的思维局限在狭窄的空间，不允许员工有各种“突破”，从而出现思维局限的死角，思维僵化。

2. 领导不给员工思维的时间，常常提供一些已准备好的对策和方案等，不太愿意听取员工的建议和想法（这种原因主要是领导自我感觉完美，同时，觉得员工的想法不成熟或幼稚，其中充满了傲慢和偏见），同时要求员工严格按照固定的路线执行，让员工像没有智能思维的机器人一样一板一眼。

3. 领导没有把握好批评员工的方式和方法及度，导致员工为了避免领导的批评，往往墨守成规、中规中矩，只要保证不出现问题，符合领导心意就万事大吉，导致不会主动学习、思考、掌握和使用新方法，从而出现思维僵化。

4. 团队缺乏新的思想和“血液”流入，团队成员固守在原有的思维和认识空间中，出现思维僵化。

面对上面四种常见导致下属思维僵化的原因，作为领导在带人过程中，可鼓励下属在不犯错的基础上多发挥能动性，对一个问题提出多种的应对方法和方案，在允许的范围内允许，甚至是鼓励下属犯错，同时营造一个好的沟通氛围，让下属“敢”和“愿意”说出自己不同的想法和意见。对犯错的下属，要讲究批评的方法和度。对一些新的方法和人才进行引进，避免团队内部出现“死水一片”的情况。

下面是一则由于团队和员工思维僵化，将一份应急合同的处理时间拖长到 10 天的案例。

案例陈述

“15 日下午相关人员就当前复合肥加工任务量大、时间紧、母肥原料严重紧缺等情况召开了一次会议。为了解决母肥原料严重紧缺，经会议研究决定对外进行委托加工母 B:1 200 吨和母 4:1 000 吨以解燃眉之急。与有关人员就此事向总经理进行了汇报，总经理听取汇报后认同对外委托加工的决定，同时强调复合肥加工任务重、时间紧，应赶紧联系加工单位，并建议有关人员马上出发进行联系，不要拖延时间。随即，副总经理向综合部主管安排了此项工作。综合部主管接到工作任务后，下午 4 点来到合作方所在的公司，与负责人和代表进行委托加工事谊进行洽谈。双方通过谈判，初步价格为母 4 每吨 800 元，母 B 每吨 1 250 元。晚七点半，综合部主管就洽谈的情况向有关领导进行了电话汇报。

16 日上午上班后，综合部主管就洽谈情况再次向有关领导进行了口头汇报。听取汇报后，总助再次与合作方负责人进行了洽谈，最终以母 4 每吨 790 元，母 B 每吨 1 240 元谈定了加工价格，并报请了有关领导同意。总助委托综合部主管起草一份《委托加工合同》，综合部主管将《委托加工合同》草本并于上午10时通过“OA”传至有关领导进行审阅。同时，下午总助将《委托加工合同》给合作方。

17日上午，总经理对《委托加工合同》进行了审阅，并对合同草稿提出了几点书面意见（附后）。同时，合作方对《委托加工合同》进行了审核，并于下午将盖有公司公章的合同传回了。

18日上午，总助收到合作方盖章的合同后办理合同审批手续。办理好合同前期手续后，18日下午，总助按照公司合同管理制度和程序将合同交至财务主管进行价格审查。

19日财务部主管进行价格审查。

20日星期六休息，工作搁置。

21日星期天休息，工作搁置。

22日上午一上班，总助到财务主管对价格及相关情况进行了沟通，主管审核签字后，由总助将合同送至价委会审查签字，下午再送至总经理签字。由于总经理当天晚七点的飞机出差无锡，因此无法签字。

23日无人签字，工作搁置。

24日下午一点半左右总经理出差回来后，四点对合同进行签字。

25日，总助才收到合同，办理后续工作和资金调配及转款工作。

一份很紧急的合同，花了10天才办完！

在案例中明显可以看出该公司的流程规范太死板，员工僵硬执行，没有及时进行变通，其中最明显之处是总经理出差和财务主管休假，无人签字导致合同搁置，这就是制度和规定执行太死板，让员工执行思维僵化。

下属工作汇报不得要领，避免全盘否定

作为领导，下属汇报工作是常有的事，不过一些下属汇报工作时，总是事无巨细，泛泛而谈，不得要领，总是会犯如下几个方面的错误，让自己听得心烦意乱。

1. 汇报的主题不突出，事无巨细，面面俱到，基本上都是一些工作过程与事例的堆积，让整个汇报变得很“散”。

2. 对应该讲什么，不应该讲什么，讲的是否符合主题心中没谱，过多过、细地讲了与主题无关或关系不大的内容。

3. 没有明显的“线”将整个汇报“串”在一起，往往是想到哪里就讲到哪里，一个问题没讲完，又讲到另一个问题，有时候甚至会出现汇报人自己也不清楚讲了些什么。

4. 汇报严重脱离工作的本身，讲的都是一些套话、官话、空话。

5. 汇报的内容太“浅”，浮于表面，缺乏相应的分析。

6. 不是实事求是地汇报情况，也没有客观公正地评价和分析，渗入太多的水分，这点在汇报个人或团队成绩时，容易出现。

作为领导，让下属做汇报的目的是真正地了解相应情况，一旦出现下属汇报工作不得要领，不要全盘否定，而是可以通过语言来引导。如“谢谢你的发言，我想对昨天的工作进行整理，你能再说一遍吗？”“原来是这样，能不能再说得详细一点，这里我有些不太清楚”“整体情况我都了解了，能具体说说A项目的进展情况吗？”等。

在下属汇报过程中，还可以通过一些提示来让其汇报更加符合我们的心意，如什么时间、在哪里、采取了什么措施、参与人员及金额等。

下属汇报坏消息时，要先把话听完

在听取下属汇报工作时，若听到一些坏消息或不想听到的消息，作为领导，不要立即就向汇报的下属进行责问或批评。如“你是干什么吃的？”“你就是这样办事的吗？”“为什么会怎样？”等。这样会造成如下几个不好的后果。

- 下属会选择性汇报，如常见的报喜不报忧、关键问题不汇报等。
- 由于害怕批评和责问，汇报的人会越来越少，及时了解工作情况越来越滞后。
- “马后炮”的情况会逐渐增多。
- 不利于做出适当的对策。

这时，最应该做的事情是先让下属汇报完，把话听完，将其理顺，这样会带来以下几个好处。

- 知道下属出错的原因和方面，从而找到批评的切入点，让其更加信服。
- 能较为全面和真实地了解当前事项，并及时应对其中的问题，制定出相应的对策。
- 在以后的工作中，下属会及时汇报各种情况，而不是瞒报、虚报或不报。

在实际工作中，当听到坏消息时，首先要保持心平气和、仔细听取下属汇报，确认事实。同时，尽量或最好不要发怒，让下属保持平常心。在整个过程中，我们要做的就是详细了解事实、询问造成的客观原因、解决的方案等。如果汇报的工作不属于汇报人的业务范围，而是其他同事或部门的，要对其进行慰问，如“辛苦了”“费心了”“谢谢你的汇报”等。

同时，也可将汇报完的消息的处理进行程序化，也就是自己心里清楚就行，不用刻意公开。图 3–4 所示为一种常见的步骤化。

1 让下属直接把坏消息说出来。

2 让下属解释为什么会发生这种情况。

3 询问下属是否有补救措施或方案。

4 自己提供几个解决方案让下属选择。

图 3–4

第4章 ○ 不懂说话带不好人

作为团队的领导，在带领团队时必须与队员进行相应的沟通交流，其中最重要的就是夸奖和批评。若是不懂得怎样说好这两类话，也就不能够带好队员。在本章中我们就详细介绍夸奖、赞美和批评的说话技巧。

鼓励和夸奖员工怎么说

世界上第一个年薪一百万的人，美国联合钢铁公司的第一任 CEO 查理·史考伯深谙管理之道。他说过："我认为，我能把员工鼓舞起来的能力，是我拥有的最大资产。"而使一个人发挥最大能力的方法，是赞赏和鼓励。团队就像一部机器，队员就像零部件，团队领导者像是整个机器的操控者。鼓励和夸奖就像是润滑油，作为操控者必须时不时地为这部机器的零配件添加润滑油，让其运行更加顺畅、良好和高效。不过添加这些润滑油，不是随意涂抹，它也讲究方法和技巧。下面我们就一起来了解与掌握鼓励和夸奖员工的正确说话方法。

对年长的下属用尊敬的提问方式来夸奖

作为团队领导，我们要知道一些年长的下属或是难以取悦的下属，直接对他们进行夸奖，他们会保持怀疑，甚至是怀疑领导有其他用心，从而不会接受。这样反而没有达到我们最初夸奖他们的目的，让年长的下属与自己的距离越来越远，这也不是我们希望看到的。

所以，对于这类下属或队员，对他们的夸奖，最好和最恰当的方式是采用尊敬式的提问方式来夸奖。它的大体夸奖语法格式是：疑惑句＋具体能力，让对方默默接受对其能力的认同和夸奖。

例如，“怎样才能像您这样会做演示课件？”“怎样才能像您这样会聊天？”“如何才能达到像您这样熟练的谈判能力”等。这样可以拉近与他们之间的距离，打开他们的话匣子，分享他们的方法和技巧。

这时，被夸奖和赞美的年长下属，基本上会做出一些谦虚的回答，如“我也是从模仿其他高手得来的，……”“没有，还差得远呢，……”等，在默认的情况下接受夸奖和赞美。

这时作为领导者也可表达要学着试一试或效仿的话语，将话题顺溜地延续下去，深入交流。

若是以“直给”的方式夸奖和赞美，如“您真厉害！”“您真是这方面的高手！”“您真是太会做思想工作了”等。这时，将会出现这样一些简短没有效果，甚至是怀疑的回答，如“是吗？”“没这回事”“谢谢”等。下面案例中的年轻主管就犯了这样的错误，但是后面经过经理指点恍然大悟。

案例陈述

刘姐，42岁，是一位销售代表，在公司工作了16年，公司上下为表示尊重都这样称呼她，老板也不例外。她不仅销售经验丰富、资历老、功劳大，而且销售能力非常强，常常是销售冠军。最近公司为刘姐所在的部门安排了一位年轻的主管。

这位年轻的主管，为了与刘姐套近乎，会时不时地故意与刘姐“走近”，直夸刘姐业务能力强、经验丰富等。但她的夸奖和赞美刘姐并不领情，并没有被讨好的感觉，与主管之间的心里距离也越来越远。

刘姐私下称呼这名年轻的销售主管为小丫头片子主管，主管知道后对此一头雾水，不明白其中原因。作为经验丰富的老板，对这位年轻的女主管进行了“点拨”，建议她使用学习式提问夸奖方法。

接下来的一次工作交流中，这位年轻女主管对刘姐说：我们团队中有的队员的销售能力很不理想，一些队员甚至还没有搞清方法和方向，怎样才能像您具有这样的销售能力呢？

刘姐听后，说出了几点提高方法，并对其他队员的销售方法进行点评。在之后的交谈中两人之间的距离自然拉近，并得到了刘姐的认可。

用“贴标签”的方式来激励新人

贴标签，在团队鼓励和赞美中对于激励新人非常有效，它的作用主要有以下两个。

- 满足新人的被认可心理，提高其积极性。
- 加快新人的成长速度。

在实际的赞美和夸奖中，最常见和有效的方式就是，将队员指定为某方面的行家，大家有这方面的问题和需求，都去找他。比如有PPT课件方面的问题，大家就去问张××；对旅游安排不明白的，大家就去问林××；罗××是电脑硬件方面的行家，大家有这方面的问题就可以直接去问他等。

得到的直接效果是，在整个过程中新人会主动地、不断地补全和丰富这方面的知识，同时保持较高的积极性。值得注意的是，这种赞美和夸奖方法，必须是针对新人的长项，不能是短板，不能让其觉得是在难为他，故意让其难堪。

当然，也不能是一些负面的标签，比如将“90 后”职员贴上“垮了的一代”“小皇帝”等标签。下面是一则巧用贴标签的方法夸奖新员工，促进其快速地成长的案例。

案例陈述

小刘，是公关公司新进的员工，对 PPT 演示文稿制作和设计有自己的心得，常常能做出一些有个性的成品。同时，公司也有几位老队员对 PPT 演示文稿制作非常熟练。

公司主管为了激励小刘，当着大家的面讲道：“有演示文文稿制作和设计方面的问题，大家都可以问小刘，他可是这方面的行家。”为其贴上演示文稿行家的标签。

在接下来的时间里，很多同事都主动向小刘请教演示文稿的制作方法和经验，就连部门中的前辈亦是如此。这让小刘感到压力和被认可的同时，倍加努力完善 PPT 方面的知识，迅速成长，不断地制作出优良的演示文稿，受到客户的好评，为公司开展公关工作做出贡献。

当着其他人的面进行夸奖

当着其他人的面进行夸奖，主要是当着第三方人员进行夸奖，如领导、客户等，不仅能让队员感觉到被抬高，同时也能让领导或客户感觉到自己重视员工，有些客户也会觉得这次合作中，自己受到重视，从而更加愿意合作。

在对队员进行夸奖时，需要遵循用事实说话和真心诚意两个原则。下面是当着其他人夸奖队员的表述。

- ◆ 他很擅长版式设计，同事都要向他学习了。
- ◆ 他在我们部门经常帮助同事，同事都非常喜欢他、信赖他。
- ◆ 他不仅能很好地完成自己的工作，还会帮助新人，很会照顾人。
- ◆ 他真了不起，前几天在与合作公司进行项目谈判时，面对不利的情况，凭借个人经验和坚韧毅力，为公司挽回了不少的损失。
- ◆ 他的业务能力在我们公司排名前五，所以把这个项目交给他负责您放心。
- ◆ 他的设计水平在同行中处于塔尖，对于这项设计您和他合作，保证万无一失。

下面是一主管当着客户的面夸奖下属将其收服的案例。

案例陈述

小刘，是新进的一名员工，被他的领导认为是一名很难缠的员工，虽然工作的积极性很高，但有些缺乏主动性和团队协调性，总会把工作搞砸。因此，他也受到了应有的惩罚。但他的领导并没有解聘他，找新员工来替代他。而是开始改变方式，称赞他所做对的事，取得了不错的效果。

领导在与A公司进行业务洽谈时，让小刘一起参与，并当着对方主管的面说：“小刘是公司最具潜力的同事，做事的积极性和效率都非常高，所以把这个项目交给小刘负责，肯定能按时高质量完成。”

小刘当时心里都乐开花了，没想到领导会对其有这么高的评价。暗自下定决心，要努力完成这项任务，并重新改变了对领导的看法，开始积极配合领导的安排和工作。

在案例中可以看出，领导将一名难缠，总会把工作搞砸的队员小刘说服，不仅是因为对其进行夸奖，而是非常巧妙地当着合作公司主管的面真心诚意地夸奖小刘，赢得其态度的改变。

与被上级否定提案的下属站在一起承担失败

下属提案被上级否定，作为领导我们不能逃避责任，不能拿上级来压下属，因为这样不仅会打击其积极性，同时也会将矛头指向自己。这样处理方式得不偿失，很快就会脱离群众。

下面一段对话就是较为典型的提案被否定，领导推卸责任下属心里不服的对话。

领导：××，现在有空吗？到我办公室来一下。

下属：您有什么要安排的吗？

领导：你前几天提交的培训方案，经理说不行。

下属：不行啊？

领导：没办法，现在只能再重新做一份了。

下属：好吧。

遇到提案被否决时，作为领导需要与下属一起承担，不仅要表示出自己的失误，而且还要指出其中不合理或欠妥的地方，以及相应解决方案。将上级的话说给下属听，然后指导去做，而不是用“领导是这个意思”“最近方针就是这样的”等笼统且带有推卸责任的话语来打压或应对下属。

下面是一段领导与下属一起承担提案被否定的失败对话。

领导：××，现在有空吗？到我办公室来一下。

下属：您有什么事吗？

领导：你前几天提交的培训方案，没能通过审查。

下属：哪里没有做好吗?

领导：据说是因为培训项目过多和预算过高的原因。

下属：……

领导：可能确实是这样，头几天由于事务多，在检查中没有细看，这点我也有责任。

下属：没事的，该怎样进行修改呢?

领导：我觉得可以将培训项目由原来的十大项整改为六大项，与上年的培训项目相当，同时，不采购那些不必要的设备设施，如显示课堂纪律的 LED 用白板即可……

下属：嗯，好的。

领导：那就从今天下午开始吧，我也会再仔细想想。

下属：我也会好好进行整体构思的。

在整个处理过程中，作为领导的处理提案被否决的流程如图 4−1 所示。

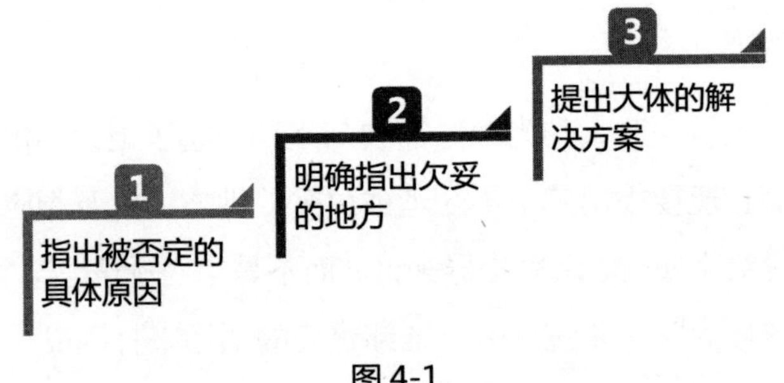

图 4-1

对因失误而沮丧的下属袒露自己的失败案例

下属由于失误而造成失败，除了进行事后弥补和按制度进行处罚外，作为领导需要对其沮丧的心理进行安抚，因为这不是能力问题，而是一时的大意疏忽造成的。此时当事人内心非常脆弱或敏感，需要的是安抚，而不是继续进行斥责，让其心理更加疲惫，这样容易出现离职的情况，其他下属在以后的工作中也可能出现对失误进行隐瞒而不报的想法和做法。

这时作为领导最直接的工作就是让失误的下属从沮丧的情绪旋涡中走出来，让其恢复斗志，再接再厉。该怎样操作呢？其中最有用的方法就是通过袒露自己因为失误造成的失败案例，引起共鸣。不过在具体操作过程中，我们要按照三步骤策略，如图 4-2 所示。

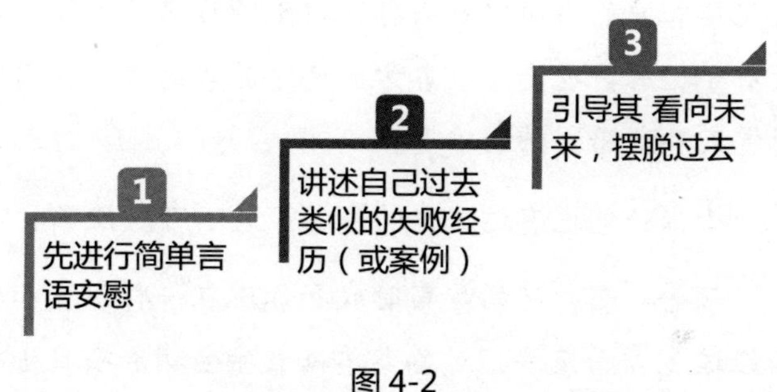

图 4-2

我们一起来看看下面这位领导是如何袒露自己的失败案例来安抚因为失误造成失败的沮丧下属的实例。

案例陈述

小张是一名优秀业务员，平时工作谨慎、认真负责，很多次被评为标杆。在最近与 B 公司进行项目合作时，因为一时疏忽，将项目投资金额的小数点打错位置，导致 B 公司终止合作。为此小张特别沮丧，不断地责怪自己。他的领导在一周后是这样与他进行谈心的：

领导：这一段时间不好过吧？有没有好好休息放松啊？

小张：丢掉B公司的合作项目，都是我的错，对不起，非常抱歉……

领导：我能够理解你现在的心情。

小张：……

领导：在我刚进公司的第5个月，刚从师傅那里独立出来，想立刻证明自己，于是不断地跑客户谈业务，可就是方法没对，一直连续几周没有回应，感觉很痛苦。有一天突然接到一个订单，这个客户是花了很多心血开发和培养的，属于优质客户。当时特别兴奋，以至项目名称打错，最后订单没有了，客户也走了。各方面都追究我的责任，当时的我，感觉天昏地暗，特别难受。

小张：您也有过这样的事啊？太不可思议了。

领导：嗯，是的。当时我和你现在一样沮丧和难过。后来经过多方面交涉，对各类单据数字金额和项目进行逐一比对核查，最终挽回了客户。

小张：……

领导：那次失败，给了我很大教训，细节必须注意，哪怕是一个标题符号。从那以后，我做事谨慎多了。

小张：……

领导：小张啊，人无完人，金无足赤，失误不可怕，只要我们吸取教训，就能进步。

小张：是。

领导：现在是该放下心理上的负担，重新找回自信的时候了！明天早上我们就一起来想想弥补的对策吧！

小张：好的，谢谢领导。

对努力却失败的下属要关注并肯定其过程

有好的下属不容易，有努力的下属更是不容易。在任务或目标的实现过程中，项目或单项任务的失败是常见的。但在处理下属问题时，一定要注意方法，特别是那些努力却失败的下属。

因为他们不仅对结果特别看重，而且对整个付出的过程也非常看重，所以，领导不能将其看轻，就算是小事也不能说“那点小事算什么”等话语。

在失败后，他会出现一些消极情绪，有时会影响正在开展的其他工作。作为领导，可以从两个方面来安抚他，一是肯定努力的过程，二是对其进行积极引导。整个的大致过程，如图4–3所示。

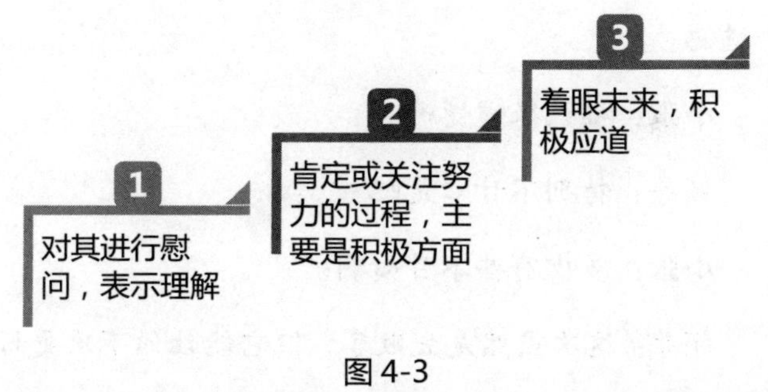

图4-3

下面是一则领导对一位努力的业务员，因为报价上的失误导致项目竞标失败的安抚实例。

案例陈述

小罗是一家大型企业的市场销售员，负责一些大项目的市场开拓。

从 2015 年 4 月份到 2016 年 3 月份全身心地投入一项 400 万元的大项目竞争中。先后分为五个阶段对项目主要负责人和技术员进行登门拜访。假期期间自费腰包为主要客户人员购买全额机票，过节赠送客户喜欢的东西等，隔三岔五地陪客户负责人进行多地实地考察。

在近一年的时间里，小罗可是全身心地投入，尽其所有能力，无论是金钱还是业务能力，本以为拿下项目是板上钉钉的事，结果却因为最后的报价，高于最低报价 10 万元，整个 400 万元的项目失败了。

这让小罗沮丧不已，甚至无法顺利开展手头上的工作，导致一些紧要的工作延误。此时小罗的领导把小罗叫到办公室进行谈话。

领导：小罗，这几个月辛苦你了。项目没能拿下真是有些遗憾。

小张：确认很遗憾……

领导：特别不甘心是吧?

小张：多少有些不甘心啊。

领导：这次虽然是失败了，但它能让你下次更好的成功。失败是成功之母嘛。

小张：有些地方还是怪自己不多长个心眼。

领导：你的付出和努力，我们都看在眼里的。不用再自我责备。对了，这次竞争中哪些方面，对方觉得特别吸引他们呢?

小张：我们公司的生产设备和效率上。

领导：很好。那你以后打算怎么办呢？如何改进？

小张：这次我们输在了报价上，以后需要多收集情报，尽量掌握竞争对手的生产成本范围，摸清他们的最低报价，适当调整我们的报价，以赢得客户。

对说泄气话的下属要关注其背后的原因

领导在指示下属完成具体项目或任务时，最需要的是士气，而那些说泄气话的下属，恰好是在泄气。无论是对个人工作开展或团队任务的完成都非常不利。这时作为其领导需要有一套自己的处理方法。当然，这种方法不是大家常常听到的强势打压，下面一段实例对话就是这样。

下属：领导，我觉得这次在会展的推广活动，不可能收到良好的市场效应。

领导：这个推广活动是团队精心策划的，不会出现你说的那种情况。

下属：那可能是我想多了，对不起领导，我不该胡乱猜测。

领导：做好你的本职工作就可以，其他事不劳你费心。

下属：好的。

在处理这类泄气的下属时，最好的方式是让其将疑惑或他认为不能成功的部分或原因说出来，不能一开始就否定，可能其中有真正价值的情报信息。同时避免以后下属不再向自己报告不好的消息。

对下属说出的信息，作为领导要进行分析和综合考量，若下属考虑得有道理，确实存在问题，就要及时地纠正并采取实质性措施。大体操作步骤如图 4-4 所示。

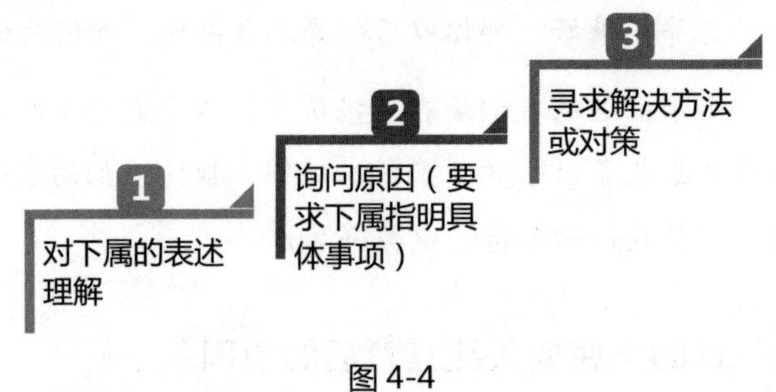

图 4-4

下面一则对话是领导应对说泄气话的下属处理实例。

下属：领导，我觉得这次在会展的推广活动，不可能收到良好的市场效应。

领导：哦，你为什么会有这样的想法，能具体说说吗?

下属：我们的产品虽然先进，但其价格远远高于同行业的同类设备。加上一些产品的口碑并不好，但展示推广的力度却很大。这样就出现先进的产品价格过高，一般产品口碑不好……，所以，我个人觉得这次推广的效应不会太好。

领导：好的，明白了，我让市场部人员进行相应的数据调查，你看怎么样?

下属：好的。

当然，对于一些没有理由，完全处于个人原因说泄气话的下属，要分析其原因，若希望受到重视，那么就对其多关照，听取他的意见。若是个人利益受到损害，就与其进行协商补偿。若纯粹地说泄气话，没有合适的理由，则需要对其进行批评。

批评员工怎么说

如果把夸奖和赞美下属是一种引导，从而让其继续保持动力朝着这方面努力，那么批评则是一种“堵”，阻止队员向不好或不希望看到的方向继续发展。当然，夸奖和赞美下属使其很容易接受，而批评则是很多员工不太容易接受的。所以，在批评下属时，更应该掌握方法和技巧，让下属能够接受，乐于接受，达到最初批评的目的。正如普希金所说的“批评是科学”。

在一开始使用效果显著的铺垫句式

通常情况下，在下属眼里，批评就等于挑刺、挨训，有些伤自尊。所以，他们会开启自我保护的“盾牌”进行防卫，有时甚至会进行“反击”，对领导的话进行反驳。以快点结束的心态度过整个过程。这样批评的效果和目的就不能实现，大量工作等于白做。所以，作为聪明的领导，我们的批评不能让员工一开始就开启防卫的“护盾”，有效的方法之一就是采用铺垫句式。

所谓铺垫式批评，是在批评的话语前添加依据能让员工放下防备、警惕的心态。大体结构：铺垫话语 + 批评内容或是批评内容 + 铺垫话语。下面是一些正确的铺垫话语，供大家参照。

◆ 可能是我记错了。

◆ 可能是我没有理解到位。

◆ 可能是我之前没有表达清楚，现在再跟你说一次。

◆ 也许是我的错。

◆ 想了很久还是需要和你谈谈，尽管难以开口。

◆ 有些话确实不好开口，但现在又不得不跟你说。

◆ 我这个人想得有点多，这里想让你确认一下。

◆ 有些话可能确实难以接受，但还是希望你能听一听。

◆ 正因为我们都看好你的能力，所以有些话我必须要说给你听听。

◆ 你是我们团队最优秀的人，所以一些问题你真的需要注意。

需要注意的是，这些铺垫话语一定要“软”和“实在没办法不得已”等含义，赢得员工的理解和认可，从而放下防备。下面是一些不太适合作为批评员工的铺垫话语。

◆ 这些是我给你讲过的啊。

◆ 你怎么会这样做，完全不理解。

◆ 我之前给你讲过。

◆ 我得说说你。

◆ 有些问题我得给你说说。

◆ 你看你这是怎么搞的，我给你是这样交代的。

◆ 你做事老是不仔细，叫人不放心。

下面是一则领导使用铺垫式语句批评没有将客户演示文稿课件制作完善的下属案例。

案例陈述

小宋是市场部经理助理，在 6 月中旬时市场部需要将公司重点推广的产品推销给一位潜在客户，就让小宋制作一份关于产品介绍的 PPT，并指出要在产品性能和价格上进行特别介绍，从而一举抓住客户的心。

然而由于小宋的一时疏忽，加上杂事较多，没有很好地达到经理的要求。经理看完 PPT 演示效果后，让小宋到自己的办公室内进行批评，然后让其进行完善。大体对话如下。

经理：刚看了你制作的产品推广演示文稿，整体效果还不错，只是在产品性能和价格上做得不够，可能是我错了，没有表达清楚，现在再跟你说一次。

小宋：好的，请经理指正。

经理：这款产品是我们公司的新产品，专门针对一些潜在客户，同时，吸引这些潜在客户的关键在于产品的性能和价格。让他们觉得这些性能是他们期望的，市场上暂时没有的，买不到的，又是自己买得起的……

小宋：明白了，谢谢经理的指点，我这就去重新设计，突出产品的性能和价格，争取在明天中午完成。

经理：嗯，好的，辛苦了。

在本案例中经理就是应用了铺垫式语句批评方式，让小宋放下防备和警惕，不觉得经理在找自己的茬，故意为难自己，而是自愿接受指正，并保证了重新改正完善产品推广演示文稿。

对心怀抵触的下属先要满足其被认可欲

一些员工刚被领导叫去，知道领导要批评自己，就怀着抵触情绪，要是领导不注意到这点，直接进行批评，得到的回应大多是辩驳，也就是我们常说的“顶嘴”。

下面是一些下属明显怀着抵触情绪的表述。

◆ 可是……
◆ 是啊，我就是按照你的要求来做的呀。
◆ 难道是我的错吗？
◆ 事情不是你想的那样，你最好先了解一下。
◆ 那不可能。
◆ 怎么可能嘛。
◆ 做不到。
◆ 真要那样做呀?
◆ 这个我们是按照规定来做的，现在又要这样做，好难。
◆ 按照您的意思来做，只会让现有的计划显得低级，原先的计划可好多了。

作为领导，我们一旦察觉到下属带有抵触情绪，就需要及时更改批评策略。切忌不能说如下这些话语进行强压。

◆ 你有什么不满的?
◆ 你觉得你很了不起吗?
◆ 你只需要做好安排的事情就行了，其他的不用你操心。
◆ 刚有点成绩就自以为了不得了?
◆ 上头就是这样规定的。
◆ 我还没有你懂得多吗?
◆ 你看看其他同事，哪位像你这样，自作主张，自我感觉良好。

◆ 我也注意到了，但这里就是这样。

◆ 你现在经验还不足，很多事情你不明白。

◆ 你这是在顶嘴吗？

对于这类带有情绪员工的批评，可以冷静地询问其抵触的原因，听取具体意见，询问其解决方法，了解其最不能接受或让步的地方，让其感受到被认可。可以采用如下的一些语句进行气氛缓和，把员工心里的不满、不平承接下来。

◆ 听出来了，你有不同的想法，能具体说说吗？

◆ 看来你有自己的一套方法，能说出来听听吗？

◆ 在这件事中，你最不能接受的是哪点或哪方面？

◆ 你觉得最让你不能让步的是哪一点？

◆ 原来你觉得这是一种刁难，所以情绪才这样激动。

◆ 按照你这样说，确实有一些问题，那你打算怎样来处理呢？

◆ 这个想法倒是很有意思，不过，我认为……

◆ 原来是这样，真没想到还有这样一种思路！具体该怎样操作呢？

对受到批评却毫无改变的下属要询问其真正原因

批评是因为员工犯了错误或工作方法及态度不当。其目的是要让其改变，从而符合工作的需要。但有些员工，虽然接受了领导的批评，当场表示要改，但实际上却毫无改变。这时作为领导就需要知道其真正原因，为什么不改，是不知道具体怎样做，还是不想改正。面对这样的情况，我们可以分为两个部分来处理。

（1）不知道该怎样做

对于不知道该怎样采取方法来改正错误的员工，我们可以让其讲讲他的想法，是怎么看待这件事情的。我们可通过询问的方式来了解，如“你以后打算怎样改正呢？”“你将采取哪些措施呢？”“在以后的工作中你将如何做呢？”“你觉具体该采取哪些操作呢？”“有什么困难吗？”等。这样做有如下两个好处。

① 从队员的发言中，看出队员是否真的认识到了错误所在。

② 如果自己有分析不周或误解的地方，也可以给队员一个发泄或解释的机会。

切记不要用“这就是你改正的吗？”“你究竟是怎样做事的？”“你没有听懂我上次给你说的吗？”等训斥的话语。这样只会让队员有心理负担，同时觉得领导不理解自己。当然问题也不会得到解决，错误仍然会重复犯。

这个时候，我们可以与员工一起分析问题的所在，并给出具体的指示或解决方法。当然，这些指示和解决方法需要站在员工的立场。

（2）队员打心里不愿改

对于队员不想改的情况，作为领导应该首先询问不愿意做出改变的原因，告诉他这种行为对公司的影响和对自己的影响，适当时可以强调改变后会给自身带来的好处，然后提出对应解决的方法和对策。尽量避免出现“应该”类的话语，如“这是你应该做的”“这是你的义务”等。这样只会适得其反，得到的回应可能是“我不改，你又能怎样呢？开除我吗？”等抵触或反抗情绪。

下面是一则领导批评经常迟到员工的案例。

案例陈述

小林是一家游戏公司的职员，家离公司不算太远，大概

30分钟车程，但是经常迟到，领导也对其进行过批评，他自己也承诺要改，虽然保证过，但还是隔一段时间就迟到。这一天领导把他叫到办公室进行了这样一次批评，很好地将这个坏习惯解决了。

经理：小林，你应该知道我找你有什么事了吧？

小林：知道，就是迟到的事情。

经理：为什么还没有改掉呢？遇到什么困难了吗，说出来我们一起想想办法。

小林：早上醒不来，有时看时间还早就再睡一会儿，结果就……

经理：从你个人角度来说，这样对你的影响不好，你这么年轻，不养成好习惯，对你的未来是没有好处的。从公司来看，我们作为一个组织一个团体，如果每个人都像你这样随意迟到，那还像什么样子。所以，无论是从个人角度还是公司角度，都需要彻底改掉这个坏习惯。

小林：知道了。

经理：以前我在做职员的时候，也会迟到，有一次来公司迟到，又刚好被领导抓个正着，接着就是一顿批评。自那儿以后，为了保证不迟到，调整作息时间，晚上10：30准时睡觉，早上闹钟一响马上起床，坚决不懒床，养成这个习惯后，就没有再迟到了，年终时还获得全勤奖呢！

小林：明白了，我向你保证以后不再迟到。

经理：看你以后的表现了，不要再让我失望了。

对抗打击能力差的下属要用“糖果无视”理论

有些员工因为缺乏磨炼，拥有一颗玻璃心，对外界非常敏感，往往一件小事都能琢磨很久。面对这类员工，我们对其批评时不仅要严格做到一次只能针对一件事，而且要利用“糖果无视”的手段。

其中“糖果”表示甜头，也就是肯定其中正确的。“无视”表示对一些小问题、不重要的问题进行忽略不提。其中需要改正的地方用“只要”“只需”或“只有”等方式提出。如“上一周制定的培训方案，整体不错，符合要求，只需对其中培训预算进行压缩即可。”“这个方案的第 5~6 页，有些看不明白，能给我讲一讲吗？”“只要完善这里即可”。

当然也可在事先进行申明，犯了哪种错误会得到哪种对应的惩罚或批评，来让其心里有所准备，能够因为犯错而承受的批评惩罚。

对于批评抗击能力差的员工时，有以下几点要注意：

1. 不能人为扩大。如“我都告诉你很多次了，不是吗？”“我已经提醒了 N 遍！”等。

2. 不能人为缩小，也就是不能将这件事不当事，让其失去信心。如“就这点小事”“那不算什么”“你这些都是小问题”。

3. 切记不能进行强势打压或斥责，因为抗打击能力差的队员受不了，从而影响其工作情绪，进入自我责备和怀疑的旋涡中。

对迟迟不着手行动的下属要“一起”做

一些下属对领导安排的特定任务和项目，迟迟不能着手进行解决，甚至是自己或同事制订的计划也是这样，很是让人头疼。不过，我们可以从导致这样的行为的原因中得到解决方法。一般情况下，主要有两个方面的原因，一是不知道如何开始；二是不敢迈出第一步。

（1）不知道如何开始

这种情况主要出现在那些纸上谈兵的下属，在理论上头头是道，但在实际行动上却找不到方向，也就是思维上的巨人，行动上的矮子。对于这类下属，我们要与其一起来做事，并在整个过程中进行进度的监督。

若是在这个过程中或开始前，对自己进行相关事务的询问，我们不能说以下的话语进行回应。

◆ 自己去想。
◆ 你难道还没想好如何开始吗?
◆ 现在都什么时候了，还没有着手开展，都过去了这么长的时间，你还在等什么。
◆ 究竟要等到什么时候?

这个时候，下属最想得到的是领导的帮助，也可用以下的话语来让下属说出问题的所在。

◆ 遇到什么困难了吗?
◆ 有什么需要我帮助的地方吗?
◆ 有哪些设备和人员不到位吗?
◆ 遇到棘手不能解决的问题了吗？
◆ 看来你是遇到问题了，说来听听。
◆ 这可不是你的性格，你平时可是风行雷利的人，怎么现在迟疑了?
◆ 开始的工作不好做吧？

（2）不敢迈出第一步

对于那些有实力完成指定任务或项目的下属，迟迟不能开展工作，不敢迈出第一步。不是因为其缺乏能力和经验，最有可能是因为内心有疑虑，对一些事情有所担忧，造成内心的不安。对于这种情况，领导需要弄清楚其到底疑虑什么，担忧什么，然后制定出对应的解决措施，让其迈出第一步，迅速开展工作。

作为领导，我们可以如下进行询问。

- 你对整个工作开展有哪些疑虑？
- 让你担心的有哪些？
- 你准备先从哪一步开始呢？
- 什么事情让你这样担忧？
- 有什么人对这件事的开展形成了阻力吗？
- 需要的设备和人员没有及时到位吗？
- 可以说说有哪些事情让你感到不安吗？我们一起来想办法。

在询问当事下属后，可对整个事项的计划和相关人员、部门和设备进行了解和掌握，从而发现当事下属的忧虑和担忧，让下属放开手去做，力争最优完成整个任务或项目。

下面是一则领导及时解决下属因为人员调动的不安的案例。

案例陈述

小罗，是刚进公司的新员工，对各个部门的人员都不熟悉。因为他有年会策划和开展的丰富经验，所以公司领导将2015年的年会策划和举办的事宜，全部交给他来完成。凭借丰富经验，小罗很快完成了年会的各种进度安排事宜。但迟迟没有动手开展，眼看年会将至，领导心里着急，就找小罗了解情况，他们的对话如下。

领导：年会进度到哪里了？

小罗：还没开始呢。

领导：还没开始？离年会时间只有不到一个月的时间了。到底是怎么回事？

小罗：……

领导：遇到什么困难了吗，还是有什么担心的？

小罗：是有些担心。

领导：看来遇到的不是一般问题，说来听听，我们一起来想办法。

小罗：我刚进公司不久，还是一名新员工，与其他部门和人员都没打过交道，他们的辈分都比我高，我担心他们不听我安排，不配合我的工作。

领导：担心其他部门和人员，不听你安排和调遣是吧？这个好办，我待会开个小会，让所有部门和人员务必配合你的工作，你看怎么样啊？

小罗：太好了，谢谢领导。

领导：你现在有没有想好什么时候开始呢？

小罗：最迟明天吧。

对“认死理”的下属多用“假设性提问”

“认死理”，即下属有自己的一些道理和原则，所以不接受领导的安排，这时我们不仅要听这些道理和原因，而且还要告知这些安排和指示制定的原因。接着，对其进行假设性提问，也就是给一个可以选择的权利，来让其进行选择。如“哪一部分你最不能接受？”“哪一点可以接受？”“哪一部分你能够完成？”“如果是你该怎样来制定和安排”等，这样我们就有回旋的余地或重新调整策略的方向。最好避免使用一些强压的语句，导致下属更加认定其死理，如“上面就是这样安排的。”“这个是没有商量的，执行即可”等。

下面是一则人员调动中领导使用假设性问题解决“认死理”的下属实例。

案例陈述

小王，是一家培训公司的职员。暑假期间被派往一培训点进行夏季招生，手下总共有10名宣传人员。由于8月份的学员招收人数不够，所以公司决定从小王这里调走4个人到其他培训点支援。此时正是计划开展顺利的时候，同时也是竞争力最大的时候，听说公司要调走人员的安排后，小王心里特别不满，拒绝放人。这时其直接领导进行了如下一次谈话。

领导：小王，最近一段时间辛苦了。今天特意请你回公司与你商量一件事。

小王：是调走人员的事情吗？

领导：由于你负责的培训点，8月份招收的学员没有达到预期规定的人数，所以公司决定调走4人到其他培训点去支援。你那里保留6人。

小王：现在正是招生的竞争高峰期，况且整个工作刚进入正规，现在撤走4人，人手肯定不够，工作将很难开展，任务肯定也完不成。

领导：我们明白了，毕竟8月份的招生人数没有达标呀。

我知道你现在不能接受，但是换做你做决定，该怎么办呢？

小王：我明白了，既然是因为招收人数不够，要调走人员，我也无话可说。公司再给一周的时间，若是仍未有明显好转，再调走4人可以吗？

领导：我和公司领导商量一下。

对推卸责任的下属采用“既不赞同也不否定”的措施

在团队中难免会出现一些推卸责任找借口的下属。他们遇到问题或事情办砸了，不是积极、主动地加以解决，而是千方百计地寻找一些借口，以换得他人的理解和原谅。把自己的过失掩盖掉，心理上得到暂时的平衡。作为领导应该明白任何借口都是在推卸责任。此时我们的应对措施是“既不赞同也不否定”。

既不赞同也不否定，是指对这些借口的真假不进行赞同或否定，也不要将着重点放在谁的责任追究上，而是将着力点放置在问题的解决方法上。所以尽量避免说一些责任追究话语，如“你难道就没有责任吗？”“这就是你的责任”“为什么会犯这样的错误”等。这时最应该传递的信息是，此时不是追究谁的责任，而是找出解决问题的方法。下面一则实例就能很好地证明。

案例陈述

小张和小宋是后勤部同事，在一次后勤物料供应工作中，小张临时负责，小宋作为助手。但是，由于小张自己忘记了，导致未能及时地供应生产物料，当领导找其谈话时，他怕担责任，就将责任推卸给不在场的小宋。此时，领导是按既不赞同也不否定的方式来顺利处理，具体对话如下。

领导：最近的生产物料供应不及时，是怎么回事？

小张：是小宋一时忘记，没有给自己报货。

领导：是小宋忘记报货呢？

小张：是呀，他居然忘了有这回事。

领导：有这个可能，不过你不应该及时了解、监督他的工作吗？

小张：虽然是这样，但他自己也得注意才行呀。

领导：你是主要负责人，难道你不该负责这个工作的进行吗？

小张：我这边不是事情多吗，再说生产物料的供应就是小宋的分内工作。

领导：今天找你来谈话，并不是要追究谁的责任，处罚谁。我只想知道，接下来的生产物料供应不上该怎么办？

小张：我现在就放下手头的其他工作，去处理这件事。

在本案例中，领导就是使用了既不赞同也不否定的方式来解决目前的生产物料供应不上的紧要问题，而不是追究小张的责任。不过，在团队管理中，在大项目或重要任务时，需要将责任落实到位，增强责任感，避免出现相互推责、扯皮和找借口的情况。同时，严格执行相应的惩罚和奖励措施，让员工不敢和不想推卸责任，认真完成份内工作。

对被批评过重的下属巧用工作话题转移情绪

无论我们处于哪种级别的领导，我们都会有内在情绪，受到环境变化和其他事件的影响，我们的情绪会发生好或坏的变化。当我们处于坏的情绪，以及加上工作开展得不尽如人意时，容易对下属批评过重，这时我们不能进行所谓的道歉，也没有必要道歉，因为批评是针对工作，若是道歉，则是对自己刚才的工作意见表示了否定，这样下属就会有怨言，然后用各种理由来开脱解释。即使要道歉，也是就刚才批评时的态度，如“刚才话说重了”“刚才有些激动了”“刚才有些感情用事了”等。

应对批评过重的最好方法，就是将话题转移到其他工作或项目上，需要注意的是，批评是因为工作，一切都是围绕工作在进行，所以转移的话题一定要在工作上，不能是其他，如家庭、感情等，因为这样会显得别扭或干涉。

当然还有一个弥补措施，就是表明在这次不如意的工作中，也有自己的责任，比如自己没有表达清楚，没有将信息及时通知到位等，这样即使批评过重，也能赢得下属们的信赖。

作为领导，我们在批评下属时，一定要保持正确的态度，首先要让自己保持冷静，对客观问题进行分析，做到对事不对人，一次只批评一件事，用不同的方法批评具体的事项。

下面是一则领导批评下属过重，使用话题转移方法成功处理的案例。

案例陈述

一天中午经理将小王叫到办公室，批评道：“你这个月的销售成绩怎么这么差啊？你看看人家小邓，刚来两个月的时间业绩就升到本月第一名。你以为我能让你拿这么多的薪水，我就不能让别人拿得比你更高吗？再这样下去，你这个销售冠军还能坐多久？……”

“经理，我……我有我的解释。”小王本想趁这个机会就此事与经理正面沟通。

“你别说了，你回去好好反省吧。我再给你一个月的时间，要是下个月你的业绩还不能提升，那我就要扣你的年终奖金了。好了，你先出去吧。”经理不耐烦地摆手示意欲言又止的小王出去。

满脸委屈的小王无奈地走出经理办公室，回想经理那咄咄逼人的架势，心理就感到很窝火。

后来经理意识到刚才对小王的批评带有情绪化，语气过重，批评过猛。于是进行了下面的一次对话。

经理：小王，刚才我的语气过重，情绪太激动，希望你能体谅。

小王：没关系，都过去了。

经理：希望你能真正找到最近业务下滑的解决办法，我也会想想对策。

小王：谢谢经理关心。

经理：最近新开发的B客户，进展得怎么样呢？

小王：对方表示出兴趣……

经理：好的，再接再厉，争取把这个客户拿下。

第5章 ○ 用制度带人，按制度办事

制度是团队的生命和灵魂，用于规范约束员工的言行，利于团队工作的开展，任务的完成，目标的实现，推动团队不断向前发展。所以，在带领团队和员工时，要用制度带人，按制度办事。

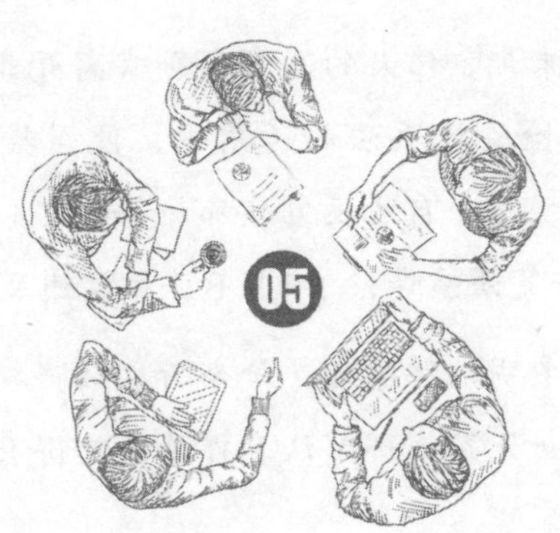

制度在带人过程中的作用

俄国哲学家、作家、革命家赫尔岑曾经说过："没有纪律，就既不会有平心静气的信念，也不会有服从，更不会有保护健康和预防危险的方法了。"纪律是一个团队决策、意志得以贯彻执行的可靠保证，更是维护一个团队团结和提高团队形象的重要因素，能有效规范员工的行为和言行，让其表现出良好的工作状态，以此保证公司或企业的健康发展。

铁的纪律才能带出好的团队

春秋末期，伟大的军事家孙武离开齐国后，来到吴国。吴王为了检验他兵法的适用性，便召集了后宫美女180人交给孙武操练，自己反复宣布命令："（1）不许混乱队伍；（2）不许笑语喧哗；（3）不许故意违反军令。"

然后申明训练规矩，命令听从鼓声指挥。训练过程中，众后宫美女见孙武那副认真样子，觉得有些好玩，倚仗吴王对自己的宠爱，不听鼓声约束，有的索性趴在地上不动。孙武见此情景，毅然斩掉了吴王宠爱的两个后宫美女。其余众美女全都大惊失色，惊恐万分，个个都打起精神，再也不像之前那样懒散随意、嬉笑打闹，自始至终都井然有序，寂然无声。

一支富有战斗力的团队，必定有铁一般的纪律，一个合格的员工，也一定具有强烈的纪律观念。纪律是团队文化的精髓，团队如果没有纪律，就不能称其为团队。每个团队建立之初的第一件事情，就是指定明确的纪律规范。没有规矩不成方圆，团队是人的组合，人都有自己的思想和行为。但是团队，却要力求避免这种个人的思想和行为，要求步调一致，所以纪律的约束不能缺少。

我们在带人的过程中必须对制度进行严格遵守和执行，保证员工的言行能很好地服务于工作，服务于团队目标。

下面是深圳某科技公司在2011年10月新颁布的部分纪律规定。

案例陈述

第1条军规：公司利益高于一切

公司是全体员工的生存平台，个人利益不能与之发生冲突。一旦违反，轻则革职走人，重则申斥法律。

第2条军规：团队至高无上

没有完美的个人，只有完美的团队，团队稳定是公司发展的基础，无论任何人都不能破坏团队的和谐与发展。

第3条军规：用老板的标准要求自己

个人薪水、奖金、提成的分配全部是在企业获取利益的基础上实现的。在团队中，你的主管、你的客户，都是你的老板，你的工作态度必须要超越他们，否则你将永远是他们的指责对象。

第 4 条军规：把事情做在前面

领导交代的事情做完了，这算不上优秀，如果领导还没想到的事情，你做完了，才算优秀。

第 5 条军规：响应是个人价值的最佳体现

个人价值的体现建立在团队对你的需要程度上！每当领导发出倡议或团队中有人寻求工作支援时，要在第一时间做出积极响应，这是价值的体现。

第 6 条军规：沿着原则方向前进

对于原则方向只能接受它，不能抗拒它。只要公司有明文规定，就要沿着公司的制度做事情，不要偏离，不要被人所左右，包括领导的某些指示在内。

第 7 条军规：先有专业精神，后有专业人

专业精神，就是服务本身，服务既是指为客户服务，又是指为自己周围的同事服务。

第 8 条军规：规范就是权威，规范就是一种精神

没有规范，就没有权威，意味着你不但懂得做人和做事，而且懂得如何做好它们。

第 9 条军规：主动就是效率，主动、主动、再主动

主动的人是最聪明的人，是团队中最好的伙伴，是人人都想要有的朋友。在困难的时候能够帮助我们的，是主动而不是运气。

一套好的制度比多几个人管理更有用

制度是团队的“宪法”，好的制度能让员工不断向好的方向发展，把懒人变勤快，把笨的人变得聪明。坏的制度能让员工向相反的方向发展。同时也是团队长期稳定发展的根本方法，不会因为某一个或几个管理人员的离开而产生重大影响。

一套好的制度主要体现在以下几个方面。

1. 适合团队的发展要求，即便短暂地遇到瓶颈也会有柳暗花明的时候，而不会到山穷水尽。

2. 符合国家规定，规避劳动纠纷，赢得绝大部分员工的赞同。

3. 能有效地提高员工的积极性、主动性，让员工在工作岗位上尽职尽责。

4. 具有明显的可操作性，岗位和工作职责清晰明了。

5. 能在一定程度反映员工的诉求。

6. 能让员工有充分展示自己能力的机会，对员工的未来目标有一定规划，让员工有归属感和主人翁意识。

下面是一份公司财务管理制度中关于员工行为规范条款。

案例陈述

第二章 行为规范

第一节 职业准则

一、基本原则

1. 公司倡导正大光明、诚实敬业的职业道德，要求全体员工自觉遵守国家政策法规和公司规章制度。

2. 员工的一切职务行为，必须以公司利益为重，对社会负责。不做有损公司形象或名誉的事。

3. 公司提倡简单友好、坦诚平等的人际关系，员工之间应互相尊重，相互协作。

4. 公司内有亲属关系的员工应回避从事业务关联的工作。

二、员工未经公司法人代表授权或批准，不能从事下列活动。

1. 以公司名义考察、谈判、签约。

2. 以公司名义提供担保或证明。

3. 以公司名义对新闻媒体发表意见、信息。

4. 代表公司出席公众活动。

第二节 行为准则

一、工作期间衣着、发式整洁，大方得体，禁止奇装异服或过于暴露的服装。男士不得留长发、怪发，女士不留怪异发型，不浓妆艳抹。

二、办公时间不从事与本岗位无关的活动，不准在上班时间吃零食、睡觉、干私活、浏览与工作无关的网站、看与工作无关的书籍报刊。

三、根据公司需要及职责规定积极配合同事开展工作，不得拖延、推诿、拒绝；对他人咨询不属自己职责范围内的事务应就自己所知告知咨询对象，不得置之不理。

四、为保障公司高效运行，员工在工作中有义务遵循以下三原则：

1. 如果公司有相应的管理规范，并且合理，按规定办。

2. 如果公司有相应的管理规范，但规定有不合理的地方，员工需要按规定办，并及时向制定规定部门提出修改建议，这是员工的权利，也是员工的义务。

3. 如果公司没有相应的规范，员工在进行请示的同时可以建议制定相应的制度。

第三节 员工职业发展通道

职务 职级 管理类 专业技术类 业务类

1. 高层管理人员 资深 ×× 师 资深业务员。

2. 中层管理人员 高级 ×× 师 高级业务员。

3. 基层管理人员 ×× 师 二级业务员。

4. 助理 ×× 师 一级业务员 5 ×× 员 初级业务员。

第四节 如果符合以下条件，员工将有机会获得晋升：

1. 职业道德良好。

2. 工作业绩突出。

3. 工作能力强。

4. 熟悉拟晋升职务工作。

5. 上年度考核成绩“良”以上。

6. 完成规定培训积分。

带人不讲制度，别人就跟你讲条件

制度是团队的根本原则，将团队的人治变为法制，保障公平和效率，让员工的心理平衡和服从。

同样的，在带人或带领团队的工作中也必须以制度为准绳，以条规为依据，处理好各项事务，不能讲人情、谈慈悲，在人性基础上按纪律规定执行。

否则，员工就会时不时地跟你讲条件或提要求，这样管理者反被员工所制约，处于尴尬的状态，使带人工作不好开展，同时整体团队处于无序甚至是混乱的一个状态，这样整个团队也没有什么“作战能力”而言，很容易在竞争中被击败。

案例陈述

老罗是成都一家公司的老板，小林是他的助理。小林是以高校优秀毕业生的身份破格聘用到公司的，加上他能吃苦，肯专研，老罗从这位年轻人的身上看到自己当年拼搏的影子，动了恻隐之心。

在小林进入公司后不久，老罗就将其工资和福利待遇调整到正式职员的水准，而这段时间仍然是试用考核期。一些管理人员和员工都认为老罗偏心，是在用人情留住这位人才，没有按公司的奖惩或激励制度办事。老罗自己心里也清楚，可固执的坚持。

不出意料，在3个月后，果然出了问题。因为老罗提前给小林正式员工的待遇，所以3个月试用期结束后，小林的工资待遇没有变化。小林开始变得不满意，觉得自己一个人做了好几个人的工作，特别辛苦。

老罗也从其他员工口里听到了小林的抱怨，于是找到小林对他说：“你的情况我都了解，但你的岗位工资就是这个情况，而且是最高的了。鉴于你工作努力，踏实肯干，每月破格给你涨150元，你觉得怎么样？若是还想涨，只能等一年以后了，毕竟你现在的经验和资历还不够，其他员工那里也不好处理。”小林勉强地答应了。

在随后的工作中，小林工作很努力，但工作水平没有明显的提高，同时也时不时地犯错误。这些老罗都没有特别在意。当公司的业务不断地扩展，团队人员，特别是人才需求量变大，很多岗位甚至还缺人手时，小林又找到老罗，要求公司每月涨600元工资，并以离职为相威胁，这让老罗非常生气。

后来老罗与其他管理人员商量，都觉得公司给员工的待遇应按照公司的薪资制度、奖励制度来定，而不应该任凭员工讲条件。虽然老罗多次与小林进行私下沟通和疏导，为其说明不涨工资的原因，但小林仍然觉得自己的价值是不可替代的，公司需要人才，坚决不退步。最后老罗只能将其辞退。

从案例中可以明显看出，老罗在员工转正、薪酬问题上不遵照公司的薪资制度来定，而是根据自己一时对人才的赏识和肯定来定。令他失望的是，对员工的格外照顾换来的只是条件和离职的威胁。这个案例提醒我们，带人不讲制度，就会跟你讲条件。

用制度告诉员工，努力了就会得到回报

团队的发展和壮大，目标任务的完成和实现，都需要队员共同努力和付出，不过员工这种付出需要有一定的回报，如工资、薪酬是最基本的员工劳动回报。对于那些努力的员工，这些基本的劳动回报就不能让其满足，对应的努力和付出也会随之减少或消失。

要想让员工的努力保持并继续，就需要对应的给予回报，当然这种回报是按照制度规定的，不是凭个人一时的感觉，所以一份好的制度会有对员工努力回报的明细规定，具体量化，同时可执行。从而保障回报的公平性和准确性，起到酬谢和激励员工的目的。

下面是制度中对于员工的奖励制度条款，明文规定员工努力的奖励回报规定。

案例陈述

第一节　总则

1. 为加强公司经营管理，明确奖惩的依据、标准和程序，使奖惩公开、公平、公正，更好地规范员工的行为，维护正常的生产秩序和工作秩序，鼓励和鞭策广大员工奋发向上，不断努力，创造更好的工作业绩，根据国家有关规定并结合公司的实际情况，制定本制度。

2. 公司提倡奖惩制度与严格管理相结合的方式，以严密的考核为依据。在奖励上要针对员工对公司的贡献大小，而采用不同的形式奖励；对违反公司规章制度，给公司造成经济损失和不良影响的员工，要给予严肃处罚。

第二节　奖励

第一条　奖励范围

如有下列情况，公司将予以奖励：

① 对技术或工作方面有益的改进，提出有益的合理化建议并取得成效时；

② 对公司业务推进有重大贡献者；

③ 个人业务、经营业绩完成情况优异者；

④ 超额完成工作任务者或完成重要突击任务者；

⑤ 遗留问题解决有重大突破者；

⑥ 有重大发明、革新，成效优秀，为公司取得显著效益者；

⑦ 为公司节约大量成本支出或挽回重大经济损失者；

⑧ 对突发事件、事故妥善处理者；妥善平息重大客户投诉事件者；

⑨ 向公司提出合理化建议，经采纳有实际成效者；

⑩ 一贯忠于职守、认真负责、廉洁奉公，具有高度奉献和敬业精神者；

⑪ 顾全大局，主动维护公司利益，具有高度的团队协作精神者；

第三条　奖励方式

公司为员工提供丰富灵活的奖励方式：

① 通报表扬：由公司或有关单位负责人签发，通报范围视具体奖励行为而定；

② 即时奖金；

③ 奖励性假期：除员工正常可以享受的假期外，还可以得到额外的奖励性假期；

④ 奖励性旅游；

⑤ 参加外部培训；

⑥ 出国考察。

好员工的活力与创造力是“淘汰”出来的

团队中的员工，在工作中并不是都能够做到积极高效，满富激情和创造力，力争上游。即使最优秀和最努力的员工也无法一直这样。但我们的团队需要员工的活力和创造力，为团队提高工作效率和劳动成果，实现更多的目标，创作出更多的价值。这就需要我们的制度和管理具有鞭策的功能，让员工或大部分员工一直处于“求生存”的状态，处于强烈的竞争中，克服人性中的“懒”。

在带领团队中，最为常见和有效激励员工的活力和创造力的制度就是淘汰制，如大家熟知的末位淘汰制。下面是一段末位淘汰制的实施方法明文规定。

案例陈述

末位淘汰制实施办法

第二章 实施办法

第一条 从以下几个方面考核。

（一）销售业绩：占考核总分的60%，包括销售额及货款回笼。参照数据《年度任务书》。

（二）CRM考核：占考核总分的20%。参照数据《销售工程师月度工作考核报告》，取年度平均分。

（三）片区评定：占考核总分的10%。参照数据《销售工程师的任职资格测评》。

（四）公司评定：占考核总分的10%。参照数据《销售工程师的任职资格测评》。

第二条 考核成绩排名第一名的，给予现金奖励5 000元。

第三条 考核成绩排名最后一名的，公司将分析员工绩效不好的原因。如果是员工个人不努力工作、消极怠工，将采取降薪或劝退的方式；如果是员工所具备的素质和能力与现有的工作任职资格不匹配，则予以调岗或培训。

第四条 考核成绩排名倒数第二名的，将给予三个月的考察期，在连续3个月的月度考核中成绩依然倒数第二名或末位的参照第二章第三条执行。

第三章 附则

第一条　每年度的1月初考核，考核结果将在10日内公布。

第二条　本办法由人事部拟定、修正并解释。

第三条　本办法自公布之日起正式施行。

在实施末位淘汰法则带领团队时，需要注意三个方面的问题，一是淘汰的考核方法一定要科学。二是淘汰并不意味着将员工开除，而是评判该员工是否适合或胜任目前岗位的方法。比如一个纪律性强和有良好服从意识的员工，可能适宜做生产人员，但不适宜从事市场开发工作。如果一开始进入企业后，就从事他不擅长的企划工作，必然在竞争中处于劣势。但是仍然可以通过其他方法来处理，如调岗、降薪或停薪等。三是客观因素的考虑，如员工的健康状况、设备或环境等。

使用淘汰制带领和管理团队可按以下大体操作步骤。

- **第一步**：以科学合理的方法对员工进行考核。
- **第二步**：经考核不胜任的员工，公司提供培训或者调整岗位。
- **第三步**：对培训或调岗后的员工重新设定考核程序，进行第二次考核。
- **第四步**：对考核通过者，继续留任，不得解除劳动关系。对考核仍不能通过者，为再次不胜任工作者，可解除劳动合同（公司提前一个月进行通知，如公司认为提前通知员工有困难的，可选择以一个月工资标准的补偿来代替提前通知期，即代通知金。最后公司还要根据员工的工作年限，支付一定的经济补偿金。由于此种解除下，员工本身没有过错，所以法律考量到员工的利益，需要公司支付适当的补偿。尽管员工不能胜任工作，但不代表其就没有付出过努力，更不代表着对企业毫无贡献）。

制度陈腐容易打击员工热情

团队在创办之初，基本上都会制定相应的规章制度。由于规章制度必须符合当时团队的目标、政府的规定和市场大环境。因此，它具有当下的时代性、特点和要求，从而满足团队的管理需要。随着时间的推移，外部环境、经济政策及信息发展等因素变化，我们的管理制度需要及时进行更新和完善，来及时适应当下的环境，保证团队整体运转良好，员工工作效率和热情的保持或提高。

若是让陈腐的制度保持不变，则会引起很多内部不适应，甚至是矛盾。下面的案例就是不及时更新公司规则制度引发的团队内部不满，最后不得不咨询第三方进行制度改革的案例。

案例陈述

四川一家公司原是老牌国有控股公司，业务领域涉及百货零售、批发、代理、广告等。后来公司经过私有化改制，以公司治理、企业文化和人力资源为核心的战略发展规划为重要依托，以资产为纽带，以市场为导向，通过商品结构、产业结构、组织机构和业务流程的连接与再造，迅速壮大企业规模，提高企业的核心竞争力。

然而，企业薪酬体系并没有发生任何改变，仍用原有的薪酬体系，缺乏外部竞争性和内部公平性，主要表现在两个方面：一方面，公司的薪酬低于同行水平太多，绝大多数员工已明显意识到并呼吁调整；另一方面，公司薪酬水平与员工的工作和付出不对等，也就是付出多与付出少的员工领到差不多的工资，级别高的与级别低的员工工资相差不大，风险大的部门与风险小的部门薪酬相当。这样就严重影响到员工的工作热情和积极性。同时公司即使知道，也没有及时修订薪酬制度，导致大量员工流失。

最后公司决定聘请专业的咨询公司对现有的薪酬制度进行变革，提出了针对不同层次人员的薪酬体系设计方案，包括年薪制和岗位等级工资制，以提高员工的满意度，促进公司长远的发展。比如重新确定薪酬水平、年薪制、岗位等级工资制等，摒弃了以前职务划分薪酬等级的方法。

同时，新的薪酬制度推行后，公司人力资源部跟踪新的薪酬制度的运行情况。及时收集员工对于新的薪酬制度的意见和建议，并对薪酬制度中不合理的内容进行及时修正。

在案例中我们可以明显发现，由于公司改制，使得原有的薪酬制度变得不合适，造成员工的不满，产生消极、工作效率下降甚至是离职等情况。最后，公司在第三方的咨询公司的帮助下对薪酬体系进行了革命性的整改，才让整个公司回归到正常状态，重新吸引员工。

如何用好制度带好人

团队制度的制定，不是为了走过场或没事做，而是为了制定一套言行规则，做到公平和高效，提升员工工作的主动性和积极性，完成团队既定目标和任务，所以作为团队的领导或管理人员，就需要按照制度来带领团队和下属，将他们变成一群为团队服务的好员工。

管理者首先要做到以身作则

正所谓："其身正，不令而行；其身不正，虽令不从。"它就是强调管理者要有带头表率、律人先律己的行为和态度。作为团队的管理者只有自己先严格遵守制度，员工或下属才会遵守。相反，如果管理者自身不遵守制度，而要求被管理者遵守，那么纵然三令五申，被管理者也不会服从。

在带人过程中，管理人员怎样做到以身作则呢？可参考以下方法。

- ◆ 不断地反省自己，高标准地要求自己，树立被别人尊重的自我形象，并以其征服手下所有的员工，使他们产生尊敬、信赖、服从的信念，从而推动工作的发展。
- ◆ 提高管理工作的透明度，将自己置于众人监督之下并乐于接受这些监督，也就是采用日本高科技集团最佳电器株式会社的社长北田光男先生所创的“金鱼缸”管理方法（将管理透明化，置于员工的监督下）。

比如《三国演义》中的“割发代首”，就是曹操对自己的临时制度的遵守和执行。

案例陈述

《三国演义》第十七回，曹操出征张绣途中，为安抚民心，便谕村人父老及沿途官吏，曹军“大小将校，凡过麦田，但有践踏者，并皆斩首”。巧的是曹操正在骑马行军途中，忽田中惊起一鸠，曹操坐骑蹿入麦中，践坏了一大块麦田。曹操立即叫来行军主簿，要求议罪，主簿十分为难。

曹操却说：我自己下达的禁令，现在自己违反了，如果不处罚，怎能服众呢？这时谋士郭嘉引用《春秋》为其开脱，此时曹操便顺水推舟，说“既《春秋》有‘法不加于尊’之义，吾姑免死”，以剑割下自己一束头发，掷在地上对部下说：“割发权代首。”

对违规的人绝不手软

作为公司领导和管理者在带人过程中，无论是对人还是对事，都需要按照团队制度来处理，以制度为准则和依据，坚决维护制度的尊严。所以这就要求管理者必须做到违规必究，绝不手软，这样就会人人心中有制度，时时守规矩。否则，制度就成为一纸空文，企业也会由法则回到人治时代，造成其他员工的心理不平衡。

案例陈述

小罗是业务员，在公司业务能力很强，其他业务员觉得不能搞定的客户，只要他出马就能够搞定。正因如此小罗有些膨胀和自大，经常迟到，而且每次对其全勤进行扣除时，他都会以晚上谈客户太晚，或者因为工作耽误正常睡眠时间导致迟到为借口要求公司补还全勤奖，以往经理都以其业务能力强为由，要求财务人员退还其扣除的全勤奖，这时其他业务员心里不平衡，抱怨说制度应该对所有职员有效力，凭什么他就可以例外，这不公平，经理通常的回应方式：谁叫他能力强呢？你们能达到他的水平我也这样对你们。

当然，这让其他业务员心里很不好受，后面出现了一些业务员仗着自己业务能力达标或超标，而故意迟到，并要求与小罗一样照发全勤的要求，而且这种现象越来越多，团队越来越散漫，经理开始意识到是自己错了，应该按照制度来办事，不能再对违反制度的员工手软。

于是经理准备更改以往的退让方式，严格按照制度来处罚和奖励员工，而且做得很好。

在周三的上午，小罗像以前一样迟到，同样的业务超标。这时经理找到小罗谈话，对其清楚说明迟到员工要扣除全勤和罚款的制度，并告知小罗以后，包括这次迟到将会扣除的其全勤并进行规定迟到罚款。小罗仍然像往常一样辩解，与客户谈业务很晚，导致睡觉时间晚和早上迟到，这是工作原因导致。经理早有准备说道：“谈业务是你工作份内的事情，谈判的时间长短都由你自己决定，业务都必须安排在很晚的时间吗，这是你个人时间管理的问题，属于个人问题。不过按照公司制度，对于业绩完成和超标，一直表现优秀的员工，有相应奖励，你看你想要哪种奖励？”对于这种惩罚和奖励，小罗感到有点意外，但心里还是得接受。

经理将这次与小罗的谈话故意泄露出去，让大家知道。这次以后小罗很少有迟到和要求退还全勤奖的情况，其他业务员心里也平衡了，团队懒散的现象最终得到了有效制止。

在案例中我们可以看出经理在对小罗迟到的问题上，分别按照了两条制度规则来分别处理。一是对迟到，按制度进行惩罚；二是对业务达标和超标，按照相应制度进行奖励，做到以制度办事，同时因为按制度办事才制止了团队的懒散，所以在带人过程中对违规的人绝不能手软，以免出现特殊员工，其他员工仿效的事情。

实施惩罚也要按规矩来

在团队中有我们喜欢的员工，有不喜欢的员工，甚至是讨厌的员工。当员工犯错后，特别是不喜欢或者是讨厌的员工犯错，对其进行惩罚时，一定要按照制度规定来，不能因为个人喜恶而减轻或加强惩罚，更不能根据个人心情进行惩罚，这样就失去了惩罚的最初目的——记住这次错误，将其改正并保证不再发生类似的错误。

在带人过程中，我们不仅要时刻记住惩罚不是目的，而是手段，同时员工是团队目标和任务完成的根本保证，必须珍惜每一位员工，因此也必须严格遵守规定来进行惩罚。

下面一则案例能很好地反映出按制度规定和随意惩罚员工的后果，所以在惩罚员工时要讲究技巧。

案例陈述

一个到岗四个月的员工，在独立完成一项工作之后，交付检验时发现存在一个技术故障。经理为此决定处罚100元并与其面谈此事。结果，两人发生了激烈的争吵。

争吵之后员工把这个经理投诉到公司人力资源部。收到投诉后，人力资源部找当事双方谈。经理认为，我扣他100元奖金的原因是，我带他工作了一段时间，看他基本上可以独立工作之后，就放手让他做，转而去带别人了。在他独立工作期间发现他有马虎的毛病，我曾多次提醒他，但他还是我行我素，所以这次只好扣钱。

这个员工觉得，经理应该对这个结果负责，因为平时经理对他不怎么辅导，现在出了事却要惩罚，不公平，再者说有很多处理办法，为什么是扣钱的方式？所以他认为经理水平不怎么样。只会扣钱，不会管理。

经过人力资源管理经理几番探讨，该公司人力资源部使用了一个比较周到的处理办法，先找经理谈：告诉他你这个钱真的是扣错了。因为第一，你没有及时与员工沟通。第二，你没有及时辅导员工。第三，你过程控制不利。但是因为你是经理，又是第一次被投诉到人力资源部，所以我们这次支持你。支持你不是因为你对了，而是因为你是经理。我们可以去做员工的工作，但同时也警告你，不要再有第二次，否则人力资源部不再支持你。我们将把这个结果告诉你的直接上级。

在与经理谈清楚后，人力资源部经理又去与员工谈，说从绩效考核标准来讲，你承认自己应该对这个结果负责，既然承认，那么这个钱该扣。经过多次面谈沟通，这个员工接受了人力资源部的仲裁。

在这个案例中，经理没有按规定来扣罚的员工100元，更多的是按照自己的情绪，显示是错了，被罚员工也不能接受，所以发生了激烈争吵，并将经理告到人力资源部。

人力资源部经理看待问题首先是要有原则的，认定就是这个经理做错了，因为他的过程控制没有控制好，绩效考核没有设定好。同时，对职员惩罚维持，一方面是顾及那位经理的面子，另一方面是根据绩效考核结果原则上来评判，结果应该由被罚的员工承担，也就是钱应该扣。人力资源部经理没有因为被罚员工一开始的不接受，就根据个人心情继续加大惩罚金额，后经多次面谈最终接受，按规定妥善处理这个不按规定惩罚员工的投诉。

人情归人情，事情归事情

中国是个非常重人情的国家，有着悠久的历史和传统，人情无处不在，如老乡、教师、领导、同学、亲戚、朋友，甚至是近邻。但在带领团队时，若全凭人情办事，那就是让制度虚设，赏罚不能分明，必定伤害大多数诚实劳动者和默默奉献的老实人，打消他们劳动的积极性，更不用说积极的奉献精神。这样只会导致团队的风气大乱，工作效率下降、品质下降，企业凝聚力下降，团队的任务完成不了，这样发展必然受阻。

在带领团队中，就不能有人情的存在，完全规则制度吗？答案是否定的，人情和规定可以并存，只是用于不同的方面：人情用于上级关心下属，对所有下属一视同仁，让所有员工感受到企业的温暖与关怀。制度规定用于事情处理，保障公平正义，让大多数员工心情舒畅，释放活力，同时，保证员工利益。

总之，团队讲人情，是在制度提倡和鼓励的范围内讲人情，其主要内容是互相关心、互相尊重、互相信任，不断增进员工之间、管理者与被管理者之间、劳资双方之间的信任和尊重，而不是徇私舞弊、走后门、特殊关照及高于制度等。

下面是联想公司罚站制度实施，其中，作为联想公司领导人的教师，也被罚站的案例。

案例陈述

联想是一个会议非常多的企业，大大小小的会议非常频繁，在开会期间难免有人迟到，而且经常出现，为了避免和减少这种开会迟到的情况。联想规定：开会迟到的人员，必须罚站 1 分钟，在这 1 分钟内会议停止，全体人员静默，都看着被罚人员。

一次高层小会上，联想领导人的老领导意外迟到，而且是罚站制度推广后迟到的第一人，撞在了枪口上。这时若是考虑到老领导的面子、资历及和他的人情关系，完全可以敷衍过去，很有意思的是，联想领导人严格执行制度，让这位老领导罚站 1 分钟，会议暂停，其他与会人员保持安静。

据联想领导人回忆，老领导站了一身汗，他坐着也一身汗。当时的确尴尬，但是制度必须严格执行，他当时还对老领导说："老吴，会议完了后我到你家给你站 1 分钟！"

管理要讲究层次分明

一个团队分为多个层次，大体可分为决策层、管理层和执行层，每个层次都有自己的职责和权利范围，如管理层主要负责计划管理和组织生产，执行层负责具体的执行操作。为了保证整个团队上下有序，运转正常和高效，领导的管理要讲究层次分明，不要越级。特别是上级如老板、总经理等，不能认为自己层级高和权力大就可以越过自己的直接下级，去干涉他们职权范围内的工作，这样会导致下级管理人员在员工面前没有威信，对员工无法进行有效管理。

在管理中较为合理的管理是对自己负责的层级进行管理和问责等，他们职权范围内的事项由他们自己来管理。下面这个案例是一个常见的越权的案例。

案例陈述

2015年10月，护士长张某给医院的院长刘某打来电话，要求立即做出一项新的人事安排。从护士长的急切声音中，刘院长能感觉到似乎发生了什么事。他告诉她可以马上过来见他。大约五分钟后，护士长走进了刘院长的办公室，并递给他一封辞职信。

"刘院长，我再也干不下去了。"她开始申诉："我在产科当护士长已经四个月了，简直干不下去了。我怎么能干得了这工作呢？我有两个领导，每个人都有不同的要求，还都要求优先处理。要知道，我只是一个凡人，已经尽最大的努力来适应这种工作，但看来做好它几乎是不可能的。让我给你举个例子吧，请相信我，这是一件很平常的事。像这样的事，每天都在发生。"

“昨天早上8：30，我来到办公室就发现桌上留了张纸条，是主任护士留给我的。她告诉我，她上午10：00需要一份床位利用情况的报告，以供她下午在向领导做汇报时使用。我知道，这样一份报告至少要花一个半小时才能写出来。30分钟以后，基层护士监督员李某（护士长张某的直接主管）走进来问我为什么我的两位护士不在班上。我告诉她外科主任从我这儿要走了她们两位，说是急诊外科手术正缺人手，需要借用一下。我告诉她，我也反对过，但外科主任坚持说只能这么办。知道李某说什么吗？她竟然叫我立即让这两位护士回到产科部。她还说，15分钟以后，她会回来检查我是否把这件事办好了！但不到5分钟，李某又亲自把我借出去的护士找了回来。我跟你说，刘院长，这种事每天都发生好几次。难道医院就只能这样运作吗？

为了更好地展示和分析该案例，我们需要将其中的人物层级关系进行展示，如图5–1所示。

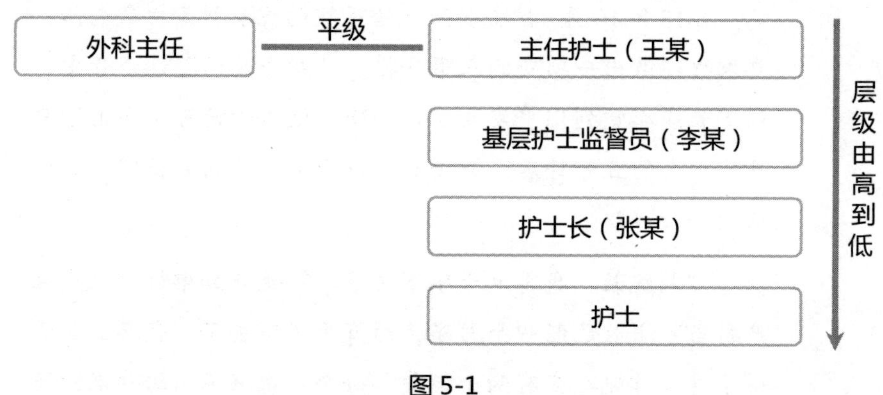

图5-1

通过图5–1中的层级关系显示，可以看出，外科主任、主任护士和基层护士监督员基本上处于跨越层级的越权行为。其中，外科主任调用护士时，直接找到护士长张某强行借人，而不是通过与之平级的主任护士商量借要，这是以上级强压下级。主任护士王某让护士长张某写一份床位报告，是明显的层级越权，她应该安排其直接下属基层护士监督员李某安排张某执行。基层护士监督员李某将张某借出的两位护士亲自要回来，也是一种越权代理，应该让这位护士长要，一是可以保全其面子，二是维护护士长在护士心中的权威。或者是护士长陪同主任护士一起去，根据外科急症的实际情况决定是否要将这两名护士及时要回。

越级管理不能单方面要求上级这样做，下级也不能超越其层级，反过来“指导”“指挥”和“管理”上级，这样只会让当事人尴尬。下面是一个下级来“指挥”上级工作而遭到处罚的案例。

案例陈述

北京马克西姆餐厅，有一位从法国来的服务人员，由于工作经验很丰富，将其任命为中班组长，其直接领导是领班。在一次铺台布中，由于台面比较大，一个人铺有困难，他便要求领班帮助，并时不时地催促，在铺台面的过程中时不时地安排领班，做些跑腿的事。

经理看到这一幕，当场叫住这位中班组长并质问道，一个组长如何能去指挥上级工作呢？然后将这件事报告给老板卡丹先生，当场决定让这位中班组长立即停止工作，回法国去。

后来，经多方出面说情，这位来自法国的组长才保住了职位，继续留在中国工作。但还是受到了严重警告，以致他三番五次地找这位领班赔礼道歉。

避免制度流于形式

团队制度在制定时就进行全面、准确、严密地审核，而且可操作性强，避免因制度本身的错误或无法实际操作，导致制度流于形式，成为一纸空文。同时在带人过程和团队管理中，也需要将其落到实处，也就是执行。

◆ 执行制度

管理人员在执行制度时，要避免团队制度流于形式，需要做到如下几点要求。

1. 作为团队的管理者，必须带头严格遵守制度规定，为员工做出榜样，让员工知道没人能凌驾于制度规定之上，否则员工就会觉得制度规定可以不遵守，使制度流于形式。

2. 执行制度的管理人员，不按制度办事，而按人情、交情作为衡量规则的标准，使公司或企业的制度规定流于形式。针对这种情况管理人员一定要按制度规定办事。

3. 团队管理人员，本身对制度就没有完全了解，出现了理解偏差，执行的制度可能违背其最初的目的，从而意外地让制度流于形式。所以，团队管理人员先要认真学习规章制度，并将其正确理解。

4. 对于员工普遍抵触或抗拒的条款，要及时与团队领导人或相应管理人员汇报。

◆ 制度应用主体

在团队中制度应用主体是全体员工，制度是否真正得到执行的根本，还是在员工身上。因此，要让员工认可制度，避免制度流于形式，需要做到如下几点。

1. 应让所有的员工清楚知道团队的规章制度，知道团队的规则，避免对其执行制度时，觉得是管理人员临时起意，导致不信任、不执行和不服从，使制度流于形式。

2. 制度的作用范围，适合于团队中的绝大部分人，如果出现“特权”人士凌驾制度之上或在制度约束范围外，就会让制度流于形式。

3. 当员工感觉到制度对自身发展等有威胁时，他们就会营造出不适合制度实施的内部环境，导致制度流于形式。

4. 奖惩制度必须配套实施。也就是有惩罚，也就得有奖励，同时保证奖惩符合规定。若只有罚，那么员工就觉得这是一套“剥削”制度，出现抵抗和不认可。

作为团队领导者，可以制定以下几种措施来进行防范和治理制度流于形式，防患于未然。

- ◆ 随着团队当前所处的具体情况不断地变化，制度也要不断地修订，以适合用于团队当前的发展需要。
- ◆ 建立检查系统，定期和不定期对制度的执行和落实进行检查。
- ◆ 对于利用制度玩权谋的人严厉打击，以维持制度的公平性。
- ◆ 对员工进行制度培训，如有需要可将制度条款手册发放到各部门，供查询，甚至可以进行张贴。

下面是一则违反公司打卡考勤制度，使公司利益流于形式的案例。

案例陈述

A公司是一家小私营企业，为了保证员工的出勤率，实行打卡制，规定所有员工上下班必须进行打卡。开始执行的时候，老板与管理人员及员工都按规定指纹打卡，整个企业的出勤效率非常高。

自从换了一名部门主管后，情况就发生了巨大的变化，因为这位主管离公司较远，所以经常迟到。到公司后也没有及时打卡，这样没过多久，一些与他走得近的员工，因为受到这位“主管”的特殊“照顾”，迟到后打个招呼，也可以不用打卡。

最后，这个部门就只有那些主管不喜欢和老实的员工打卡，一些敢于“抵抗”的员工，由于态度“恶劣”，主管管不住，也就可以享受迟到不打卡的“优待”，最后到了一种特别极端的情况。一名新进员工，主管告诉他必须在上下班打卡，这是规定和制度。新员工一开始按照规定制度打卡，但后来发现并不是所有人都打卡，感到不公平，就向领导投诉曝光，结果这名新员工被意外辞退。

在案例中可以明显看出由于监管不到位，公司的考勤制度，由于主管的“榜样”和“特殊关照”，而流于形式。

第6章 ○ 带出一批精兵强将必须掌握的技巧

要想让自己的团队像狼群一样富有战斗力，就必须赢得队员的心，将他们的智慧、力量和心在团队中凝聚起来。同时，使用方法和技巧提升队员个人和团队的执行力。

众人拾柴火焰高，提升队员的凝聚力

有句古话：“千人同心，则得千人之力，万人异心，则无一人之用。”意思是说，如果一千个人同心同德，就可以发挥超过一千人的力量，可是如果一万个人离心离德，恐怕连一个人的力量也比不上了。这就是团队的力量！这就是我们需要的团队精神！作为团队领导者或管理者就需要将千人之力、千人之心凝聚到一起，将他们搓成一条绳来拉动团队之船驶向成功的彼岸。那么怎样来拥有并提升团队的凝聚力呢？下面我们就一起来学习。

共同的目标是大家团结在一起的动力和方向

成功的人，要集众力、众智，懂得在团队中找自己，更懂得求同存异，在团队的共同目标中实现自我价值。

——鲁迅

一个具有战斗精神的团队，往往需要将大家的精力、智力和心理凝聚在一起，大家心往一处想，力往一处使。要打造这样的团队，团队至少需要一个或多个共同目标，这个共同目标就像是一头猎物，把团队中的成员都变成狼一样，两眼放光，露出犀利的牙齿，然后用有力的四肢全力去围追堵截，最终在群狼的奋力合作中，高效实现团队目标。相反，若是没有团队目标，队员的心是散的，不知道未来的方向在哪里，处于被动状态，安排做什么就做什么，像是木偶一样，失去动力，这样的团队往往没有生气，没有拼搏力和凝聚力，很多队员因为觉得没有意思选择离开。

在带领团队的过程中如何来制定团队目标呢？我们可以采用如下步骤：

◆ 接受或制定目标

严格按照SMART原则来接受或制定目标，也就是明确目标是什么（S）、大体如何开展（M）、团队成员是否认可（A）、是否可以实现（R）、实现目标的时间（T）。

◆ 说明目标带来好处

无论这个团队目标是上头安排或自己制定的，都要明确这个共同目标能够给团队和个人带来好处，这样做能促使每个人都服从组织。从团队及个人的角度全方面思考，看待团队目标，从而提升成员的积极性和自信心，以增加工作的动力。

◆ 明确可能面临问题

在执行目标前，将完成目标会遇到的种种困难和面临的问题都列出，让队员都知晓，心里有准备，并进行相应的对策讨论，做到不打无准备的仗，只有准备周全，才不至于在困难真正出现时显得措手不及，也只有这样，才能找出解决难题的方法，保障共同目标的实现。同时这样做可激发团队的潜力，激发队员的战斗力和好胜心，让他们可以展现出自己的能力。

◆ 明确外援

在执行目标前，先确定哪些操作需要其他团队或第三方人员的协作，从而完成一些团队不能完成的部门目标。比如需要哪些人员配合、需要哪些部门给予支持及需要后勤部门提供哪些保障等。

下面是一家中型公司作为一个团队整体，制定的年度经营目标。

案例陈述

公司年度经营目标

（一）公司 2016 年度经营目标

第一条 公司总体目标

1. 预定偿还上年度短期借款 10 万元，使负债比率低于 80%。

2. 促进全体员工同心协力，努力达成自主性的经营方针。

3. 营业额达到 150 万元。

第二条 人事管理目标

1. 全公司总人数以 50 人左右为标准。

2. 确立职位分类、薪金体系。

3. 设定工作说明书。

4. 每年派一名员工到日本某公司进修。

5. 建立经理级以上员工住宅制度。

第三条 营业、采购、生产目标

1. 设立一家分公司。

2. A 产品不良率降至 5% 以下。

第四条 会计、财务目标

1. 总资产尽可能控制在200万元左右。

2. 加强企划部门的预算控制。

第五条 总务部门目标

1. 拟出年内例行事项的实施计划表。

2. 拟订综合控制计划，重点放在推销员与管理职员上。

3. 制订出计划，使达到附加价值150万元与提高工资20%的目标。

4. 拟订修订薪金与改善薪金体系的具体计划。

每个人都要有很强的集体荣誉感

集体荣誉感是一种热爱集体、关心集体、自觉为集体尽义务、做贡献、争荣誉的道德情感。

当集体受到赞扬、奖励的时候，队员就会产生欣慰、光荣、自豪的感情；当集体受到批评或惩罚的时候，队员就会产生不安、羞愧、自责的感情，这就是集体荣誉感，是有上进心的表现，是一种积极健康的心理品质，是激励队员奋发向上的精神力量。

所以，将团队成员的个人荣誉感与团队的集体荣誉绑连在一起，可以大大增加团队的人心凝聚力，这样队员工作就会互相协作、紧密配合、相互支持，热爱这个集体并发挥主动性和创造性为集体赢得荣誉。

一个具有团队荣誉感的团队，通常具有如下几个特点。

- 团队成员参与工作的积极性高，人际关系和谐，工作氛围轻松。
- 团队成员有明显的归属感，觉得自己是团队一员感到自豪骄傲。
- 团队成员稳定，且相互尊重、相互关心。

◆ 团队成员有较强的事业心和责任感，集体意识强。

◆ 团队成员愿意为其他成员或团队的成长进行付出，在团队需要的时候愿意做出个人利益牺牲。

◆ 团队内部沟通顺畅，信息交流频繁，不存在障碍。

在带领团队过程中，怎样来培养和增强团队荣誉感呢？通常有如下几点方法。

1. 制定共同目标，让个人目标与团队目标及利益一致，这样队员就会相互合作，相互支持，凝聚在一起共同来完成目标，从而培养或增强集体荣誉感。

2. 让队员感到外部的竞争压力和威胁，这时队员通常会团结在一起，放下昔日的矛盾分歧，一致对外。需要注意的是，若是这个外部竞争压力或威胁过大，超过团队的承受能力，目的就会适得其反，所以，团队管理者一定要有分寸。

3. 采用队员们乐于接受的管理和领导方式，当然这对领导人个人素质和修养要求很高。

4. 营造一个团队成员相互信任的集体合作氛围，比如在困难面前相互配合和协作，当然也可以开展一些相互信任的游戏。

5. 团队队员之间相互认可、彼此尊重、互相支持，在集体进步时个人也得到进步，强化队员对团队的归属感和荣誉感。

6. 强化集体项目的成绩和公司的表彰，正确宣传、悉心引导，就可以让每位队员更加热爱班集体，对班集体充满信心。

下面是一个增加集体荣誉感的拓展游戏。

案例陈述

《信息系统》

项目类型：团队游戏

项目形式：10 ～ 20人

时 间：5 ～ 8分钟

场 地：室内或室外、草地

适用对象：全体学员

项目目标：学习系统思维和沟通

学员要求：无

设施要求：几个可以用来传递的软玩具，如塑料球、绒毛玩具等。

导师要求：熟悉游戏规则

项目描述：

1. 请大家站成一个圈，每个人相互有一肩的距离，培训师也加入其中，并作为开头和结尾，给每个人编一个序号。

2. 培训师有一个可以扔的软玩具（代表信息），每个人按排好的顺序都要分享到。每个将要被轮到接玩具（信息）的人，双臂前伸，手掌朝上做接物状，表示你可以接收玩具（信息）了。一旦你收到玩具（信息），并已传给下一个人，你就可以正常站立了。当所有人都收到过玩具（信息），这个玩具（信息）应当最后回到我的手里，现在练习一下。

3. 培训师不断送出新的软玩具（信息）。如果中途有玩具（信息）落地，要捡起来尽快恢复传递。

4. 在没有玩具（信息）掉在地上的情况下，看我们最多可以同时传递的玩具（信息）。

相关讨论：

1. 你在传递信息的过程中有什么感受？

2. 这些感受在工作中有吗？

3. 有没有出现过，掉在地上的玩具（信息）比在空中传得多的时候？为什么？

4. 如何改善信息传递？

5. 质量和数量之间哪个更重要？

注意事项：

被用来扔的物体一定是软性的，不要太使劲扔，扔之前一定要用眼睛看着对方。

附加说明：为增加难度

1. 可以把要扔的东西换成生鸡蛋，或者装了水的气球。

2. 增加人与人的间隔，把圈子扩大。

火车跑得快，全靠车头带

俗话说：火车跑得快，全靠车头带，这可以看出车头的重要性，直接决定着火车的速度、方向和目的地。在团队中领导就像是“车头”，全体队员构成整个车身。要想让整个团队紧密的凝聚在一起，跑得快，就需要管理者这个“火车头”的带领和表率，以及个人的影响力和人格魅力。

在带领团队的过程中，管理可通过增强自身建设达到增强团队凝聚力的目的，大体按照如下几点进行努力。

1. 提高自身的学习能力、执行能力、感召能力、协调能力和调研能力。

2. 提高自身对整个团队的满意度、忠诚度、贡献度和工作积极性。

3. 做好带头示范作用，向队员提出向我看齐和对我监督要求，从而达到一种潜移默化的影响。

4. 凡是要求队员遵守的，自己先带头遵守，做到律人先律己。

5. 用团队和队员个人的成绩来鼓舞、鞭策队员，增强集体荣誉感、凝聚力和向心力，并产生战斗力。

6. 当工作的进展遇到麻烦或者结果不符合要求时，要主动承担责任，不要把责任推卸给队员。

7. 作数讲原则、讲正气、讲纪律，让下属觉得上级是自己的领头羊，工作有目标、有方向。

8. 在做出团队决策时，不独断专行，懂得倾听他人的意见，集思广益。

9. 培养和提高气度和度量，能容人和容事，不斤斤计较。

下面是一个团队管理人员以身作则，做好带头示范赢得队员的信任，将队员凝聚在一起的案例。

案例陈述

华某是油藏经营管理3区小站的一名站长，“想要把工作做好，态度决定一切。不管做什么，都需要无止境的学习。”是他经常说的一句话，在队员们眼里，他是喜欢低头创新和钻研的站长，同时也是非常具有人格魅力的人。

2008年3月，他正式接管75号计量站。初到该站，他被眼前的一幕惊呆了，历经十余年的风雨，周转数十个班站，没有见过像眼前这样破烂不堪的班组，斑驳的墙皮一触即落，值班室的制度牌也在这破烂不堪中显得有点寒酸，小班们也人浮于事、得过且过，华某看在眼里，痛在心里，下定决心要彻底改变这个面目全非的小站。

初来乍到时，他心里暗自想到，想要求站员做好，自己首先做好，须以身作则。

他在值班室的玻璃板下面放了张小纸条：今日事，今日毕。他决心用实际行动来感召其他人。华某的这股冲劲、韧劲和干劲很快让其他人得到了信服。无论何时来到该站，踏实认真，处处冲锋在前，瘦弱的身影在井站之间奔波。

华某心里明白要改变队员对他的偏见就要拿出点成绩给大家看，他先从站内规格化开始，铲掉陈年的漆皮、墙皮，为该站换上一件崭新的外衣。每到上班后，他总是先到井上转转，看看套压，测测电流，摸摸光杆，听听出油的声音，这都是多年养成的习惯。

除此之外，他总是认真的或监督或亲自去落实该井的单量情况。每次测试，他总是跑在最前面，及时地摸索套压与出油情况的关系，绘画电流、套压、产量曲线，使得各井的资料在他的面前变得一目了然，陪小班量油、测气、巡井，与小班一起探讨管井措施。

2009 年 3 月 5 日，为配合站的 NW72–27 井作业完井，华某从上午 9:00 一直配合到第二天凌晨 5:00，作业队完井搬家，连夜配合项目办连流程，这一项项连续的工作都做得井井有条，逐渐地站员的积极主动性被充分调动了起来，站员都心悦诚服地说：有这样的站长带领，我们服，愿意干！

华某的脸上终于露出了会心的微笑，他知道 75 号站明天的希望，是全体人员共同奋斗的结果，只要能把四个小班的力量拧成一股绳，才会给这座低迷已久的小站带来希望。

由于大家的干劲足，不到一个月的时间，全站的7口抽油机井和4口注水井均已达到一类井水平。

要以团体为重

作为团队的管理者或领导人，要提高团队的凝聚力，就需要改变队员以个人为中心的想法，强调他们是团队中的一部分，要以团队为重，将团队利益放在首位，必要时需要牺牲个人的利益来满足团队利益的需求。

同时，要让每一名队员明白，个人成长和价值的实现离不开团队价值和目标的实现。相同地，团队目标和价值实现，需要每一名队员努力和奉献，在单个队员的价值中得到升华。需要注意的是，管理者不要以团队利益、大局意识为由，有意损害队员的个人利益，这样只会让队员心寒，分崩离析。

有这样一个故事：一个游客在非洲的原始草丛中看到黑压压的一群蚂蚁，处于好奇，他点燃了干燥草丛，火借风势，逐渐蔓延，这群蚂蚁开始非常混乱朝不同的方向逃生，但令人惊讶的是，它们逐渐便变得有序，迅速扭成一团，像雪球一样朝外滚动突围。虽然外层的蚂蚁被烧得“噼啪”直响，死伤无数，但蚁球仍然勇猛向外滚动，直到冲出火圈，觉得没有危险，才分散开来。外层的蚂蚁虽然牺牲了自己，但是团队都存活了下来，这便是以团队的利益为重。

要求队员以团队为重，就需要培养队员的团队意识，这是一个长期的过程，不能一蹴而就，不过作为团队的领导者，可以在平常的工作中采取以下方法来进行培养。

1. 营造一种团结队员的工作氛围和工作默契，实现管理者与队员的心有灵犀。

2. 培养管理者与队员的配合和协作精神，相互支持和努力，形成一种分工不分家的氛围。

3. 相信并尊重每一位队员，给他们发挥自我的空间，实现自身价值的机会，同时树立起团队集体观念。

4. 让每一位成员包容、欣赏、尊重其他个别不同的队员，让大家产生团结意识。

5. 培养队员求同存异的素质，以肯定的态度去赞同和支持不同的意见及看法，并以平和心态承认他人的优点和长处。

6. 要求每一位队员要互相帮助、互相照顾、互相配合，为集体的目标而共同努力。

7. 培养队员的表达能力，让他们把好的想法和建议分享出来，为团队做贡献。

8. 培养队员积极主动做事的品格，让他们做一个主动去了解团队需要他们做什么，自己想要做什么，然后进行周密规划，并全力以赴地去完成的人。

9. 培养队员敬业的品格，要求他们具有敬业的品质，把团队的事情当成自己的事情，带着责任心，发挥自己的聪明才智。让他们有意识地将个人的命运与所在的团队、集体连在一起。

带人先带心，抓不住员工的心就很难带好人

大家都听说过“得民心者得天下”这句话，可以看出得人心的重要性。在带人或带团队的过程中，也需要得到队员的心，将他们放置在团队中，凝聚在一起，实现人心聚、力量齐、干劲足、共拼搏。从而保证这支团队能“打仗”“敢打仗”“打胜仗”。

带人的根本在于带好员工的心

无论是带团队还是管理团队，归根结底还是在带领和管理员工的心。一个好的团队领导人或管理者，能很好地从人性上来了解员工的心理，探知和分析员工行为，对于不同的员工做不同的理解、关心和认可鼓励。激发他们的工作激情、责任心和主动性，增强其自身和团队衷心与信心，从而完成本职工作和团队的任务目标，让团队更具凝聚力和向心力，营造出

更加和谐的工作氛围，增强团队整体竞争力和战斗力。

作为团队的领导者可以采用以下几点，来赢得队员的心。

- 作为团队领导者，可以给员工实实在在的、看得见的利益，如基本工资、绩效奖金、福利和津贴等。保障和提升员工基本生活和营养水平，解决其吃、穿、住、行的后顾之忧。
- 建立公平、公正的谨慎机会，让那些有能力者上，没能力者下。
- 领导者营造好的团队文化气氛，并让员工体验参与到团队愿景和战略目标中，让其产生归属感和使命感。
- 对于其付出，进行认可、肯定、赞美和感谢。可时不时地表达出“团队需要你”的想法。
- 给予员工一些精神奖励，如先进个人、团队标杆等。在必要时可给予一定职位许诺。
- 从小事关心和关爱员工，如问候或慰问生病的员工，为员工庆祝生日等。
- 善待员工，公私分明。尤其在一些原则性的问题上，凡事对事不对人，要维护员工和团队双方的利益，只有照顾到员工的利益才可能与员工有长久的合作。
- 当员工遇到困难，能预料他的反应和行动。并能恰如其分的给员工雪里送炭。
- 与员工进行必要的沟通，了解其想法，及时了解工作中遇到的困难等。
- 抱有宽容之心，允许员工犯错，在情况允许的条件下鼓励员工敢于犯错。
- 对队员进行技能的培训或升级。

下面是一个美国公司通过对员工营造归属感赢得人心的案例。

案例陈述

在奔腾的洪水袭击德克萨斯州时，这家年收入80亿美元的公用事业公司——瓦莱罗能源公司，立即投入行动。

有3名雇员家被洪水冲垮，公司为他们每人捐款5 000美元。公司的自愿委员会组织小队清理瓦砾。这个行动本身并无什么惊人之处，让人感动的是瓦莱罗能源公司每天都在做这样的事情。

公司的使命书要求雇员在社区起带头作用，得到了许多环保奖和好公民奖，证明它是实实在在执行这项使命的。

公司要求所有雇员都参加“共同关怀联合之路”的计划，捐献收入的1%，而公司为每一美元捐款上再加上50美分，多数雇员每个月自愿委员会与当地慈善组织合作的专案工作两小时。

为了保证招聘的雇员适合这种支援慈善活动的公司文化，瓦莱罗能源公司根据对其雇员的严格评估进行测试，内容包括候选人参与社区活动的程度等项内容。

瓦莱罗能源公司的管理人员还很注重公司社区的员工。如果一名员工要到医院做手术，公司首席执行官格希一定会同他交谈或给他写封信。以格希为首的主管们努力到公司各处视察。在员工食堂吃午饭，在一般情况下员工可以随时找他们。

格希说：“人是很聪明的。他们知道管理层是否真诚。”

在原则允许的前提下适当给下属讲点人情

俗话说：“水至清则无鱼，人至察则无徒。”大意就是不能太讲原则，否则就会显得呆板、冷酷和无情，导致团结在周围的人慢慢离去，越来越少，最终成为孤家寡人，这是团队管理中不能出现的。但若只是按人情办事，就会出现没有规矩、规则和底线，对团队管理和目标实现非常有害。

作为团队的领导者，既要讲原则和制度，也要讲人情。但两者可用在不同的方面。原则和制度用于维护团队的利益、约束下属的行为、保证整个团队正常运行。人情用在聚拢人心上，让下属增加对团队的认可和忠诚，增强归属感。只要我们掌握好这个方面的适当应用，掌握分寸，就能将两者的关系协调好。让自己作为一个有人情味的管理者，如下面这个案例。

案例陈述

日本经营之神松下幸之助曾有一名爱将叫作后藤清一。有一次因为他的疏忽，造成了公司很大的损失，松下幸之助派人把他叫到办公室，劈头就是一阵臭骂，一边骂一边还拿着火钳，死命地往桌上一直拍，被骂的清一丧气地准备转身离去，心头萌生了辞职的想法。

这时，松下幸之助却将他叫了回来，说道：“等等！刚才我因为太生气了，所以把火钳弄弯了，麻烦你帮我弄直好吗？”清一虽然觉得奇怪，但仍拿起火钳拼命捶打，而他沮丧的心情似乎也随着敲打声慢慢平息。

当他把敲直的火钳交还松下幸之助时，松下幸之助笑着说：“嗯！似乎比原来的还好，你真是不错！”清一没有料到松下幸之助会这么说，然而更为精彩的还在后头！

清一离开办公室不久，松下幸之助就悄悄致电给清一的妻子，他说：“今天你先生回去的时候，脸色可能会很难看，希望你好好安慰他。”当清一的妻子转达松下幸之助的心意给清一知道之后，清一内心十分感动，设法弥补之前犯下的错误，从此之后也更加努力工作，报答松下幸之助的一片苦心。

在案例中松下幸之助对于原则问题，对下属没有讲人情，该批评就批评，该训斥就训斥，但在事后又对被批评的下属进行人情关爱。很好地体现了规则和人情同时合理存在。

懂得为下属着想，从而赢得下属的尊重

领导或是管理者，不仅要丰富的经验，十足的能力，还得有一定情商。这里的情商不是指如何与下属称兄道弟，而是多为下属着想，多站在他们的角度考虑问题，也就是换位思考，体恤他们所面临的难处或困难，将心比心，以此来赢得下属的尊重，让他们自愿地把更多的、更充沛的精力奉献在工作中，帮助自己更顺利地达成团队任务目标。

在带人或带领团队过程中，可以采用以下几种方法来为下属着想：

（1）设身处地为下属着想

设身处地站在下属的位置上为他们着想，当他们面临急事或实际困难时，要急之所急，帮助他们解决实际困难，走出困境，从而赢得他们的感激之心，为自己赢得号召力和影响力，增加团队的凝聚力，让队员团结一心。

一位有经验的老领导在谈及自己的管理经验时，他说没有什么管理秘诀，只是多站在下属的位置考虑，设身处地为他们着想，好多事情就好办了。“你们看还有没有困难，如在实施中有什么问题和困难，可随时向我讲，我们共同来解决。”他说这是他在安排任务后，常挂在嘴边的话，虽然这句话没有什么特别，但明显能感受到下属心里觉得温暖。

（2）对下属真正的关怀关心

每个人的心，若是上了锁，任你再粗的铁棒也撬不开。唯有关怀、关心、为对方着想，以心换心，以情动人，才能把自己变成一条的钥匙，进入别人的心中，了解别人，并将其打开。利于管理者在下属心里留下平易近人的形象。怎样做才能让下属感觉到自己对他们的关怀和关心呢？可从如下几个方面着手。

① 关心下属的内心需要，帮助他们解决实际问题。如汇源集团的领导经常与工作人员一起住在工厂，吃饭更是简单，一碗面条，一个煎饼是常有的事。他常常对员工们说：不该花的钱一分也不能浪费，该花的钱再多也要花。但在企业资金并不是很富裕的情况下，拿出数千万元建起了培训中心、文化中心、体育中心、职工公寓，用以满足员工们成才的愿望、生活的需要。真正让员工们感到企业对他们的关怀和关心，更加死心塌地地跟着企业干，把自己当作企业的一份子。

② 关心下属的身体健康，若有下属生病，可进行电话问候或亲自探望。如果在这时能说上一些暖心话，效果会更好了。如“平时你在的时候，整个工作都觉得很有头绪，有条不紊，现在你病了，突然觉得手忙脚乱，你得赶快把病养好，否则我这领导真不好当”“平时没有注意到你的作用有多大，没你在岗位的这几天，你不知道把其他几位顶岗的同事忙成什么样了，要好好配合医生，好好休息，快一点好起来，然后回公司，帮助那几位同事”等。

③ 记住下属的生日，以适当的方式表示祝贺，如生日贺卡、短信问候、送上鲜花等。并将团队规定的生日福利及时发放到位。

员工即使犯错也要给予戴罪立功的机会

在工作中，无论多么优秀的员工也都会犯错，就像人们常说的一句话：只要是错，就一定有人去犯。那么，在带领团队中怎样来处理犯错的员工呢？最好的方式之一，就是让其分析问题出在哪里，总结经验，给其戴罪立功的机会。为什么会有这样的一种理论呢？我们可从以下两个方面进行解释说明。

（1）骨干员工

团队中骨干员工都是一些高手行家，工作能力相当强，一般是不会出错的，但是马都有失蹄、老虎都有打盹的时候。所以，当他们“失蹄”和“打盹”时，导致工作上犯错，甚至为团队利益带来损失。

若严格按照制度进行惩罚时直接进行开除，容易导致人才的流失，使团队失去“干将”。不妨采信特里（美国田纳西银行前总经理）说过一句管理名言：“承认错误是一个人最大的力量源泉，因为正视错误的人将得到错误以外的东西。”让他们分析问题出在哪里？该怎样面对和解决，防止同样的错误出现，然后给他们戴罪立功的机会。如下面这个案例。

案例陈述

销售总监周某是公司的一名得力干部，过去三年来，周某都能顺利超额完成公司所定的销售目标。

今年公司在年度结算时发现周某对渠道总分销商李老板所给予的信用额度超过了公司所规定的上限。公司给予绩效最突出的总分销商的信用额度上限是100万元，没想到周某却给予李老板300万元的额度。结果，应收账经过了财年结算后尚遗留一些款额不能全部收回来。

公司对周某非常信任，销售部门所呈报的文件，也只是关注当月的销售进度及总金额。最近财务总监发现公司对一位李姓总分销商的授信额度超过了公司规定。虽然财务部门多次向李老板催讨货款，而李老板每次都用种种借口搪塞，财务部门经过查证后，发现销售部门给予李姓老板的“特殊照顾”严重违反了公司的政策。

李老板虽然年纪轻轻但长袖善舞，每次在年度经销商大会时，李老板都非常活跃，他实在讨人喜欢，社交手腕也非常灵活。过去，李老板的信誉记录尚属良好，虽然有时归还货款会有些延误，但是都还能够结清。

公司对于销售部门违反公司政策一事，特别与周某做了一次谈话。周某的说法是：公司对李老板非常倚重，期望也很高，非常相信他的能力，为了完成公司销售目标，为了鼓励和大力支持李老板的消费，因此他给予李老板更大的信用额度。

公司在事后对周某进行了相应的调查，发现周某与李老板有私交。由于周某犯的错——导致的贷款归还的延误，在公司承担范围内，同时，考虑到周某的个人能力，不予追究，继续给予其其他任务，并要求其快速收回给予李老板的贷款金额，同时要求其改正错误，避免发生类似的错误。

周某也觉得是自己犯了错误，违法公司规章制度和职业操作。出于对公司没有让其引咎辞职，不仅在短时间内就收回给予李老板的特殊关照的贷款，同时超额完成了其他的销售任务。

（2）普通员工

普通员工，也就是基层员工，他们的工作主要是一些机械化的基础操作，一般不会为团队带来太大的损失。这时对于其犯的错，只需进行总结教训，必要时给予相应的技能和业务指导与培训，让其继续进行工作，戴罪立功。这样当事员工会很感激，改掉错误，更加忠于团队和管理人员，其他员工也会觉得团队是一个有度量的地方，受到感动，更容易将他们凝聚起来，上下一心，团结一致，让整个团队的工作更加高效，任务目标更容易完成。

正如通用电气公司的总裁查理·里德在他的自传里说：“当人们犯错误的时候，他们最不愿意看到的就是惩罚。”其实，下属犯了错误，最难过的是其自身，应该给其改正错误的机会。

案例陈述

办公室里闷热异常，小张却是冷汗直冒，手脚发软。身为资料管理员，因为一时疏忽，将客户公司的建筑师证原件丢失，公司不得不按照建筑师证丢失的流程：先登报，再在相关政府部门进行补办，为公司带来了不少麻烦，经济上也有一定的损失。

主任准备亲自找他谈话。小张很紧张，像被判了刑的犯人一样，等待最终判决下达，内心充满了焦虑、不安与恐惧。

出事后，小张第一时间递交了辞职报告，主任暂时还没签字同意，这反倒弄得小张心中更没了底。这次是因为赶时间，带着客户资料东奔西跑，结果忙中出错，导致客户公司的员工证件丢失。

终于等到了主任发出召见令，小张带着愧疚与不安来到主任办公室。果然，主任是一脸怒气，瞪眼瞧着他，半天没说话，小张更是紧张地连大气也不敢出，偷眼瞄去，办公桌上摆着一份解职通知书。

沉默了一会儿，主任没有劈头盖脸地把他痛骂，而是示意他坐下，并给他布置了一项新任务。一开始，小张有点莫名其妙，以为是听错了，指着职务解除通知书怯怯地问："这个不是给我的？"

主任有点哭笑不得："你想得美！不开除你，怎么让其他同事心服？"

"可您刚才让我去A公司接受相应的资料？"小张还是不明所以。

主任笑了："谁说要开除你，炒你鱿鱼呢？开除你，公司岂不是白给你交学费了。你小子得把损失挣回来。"

小张心中感慨，从此一刻也不敢松懈。"知耻而后勇"，小张不辱使命，极其出色地完成了任务。此后，小张整个人似乎脱胎换骨，工作起来更加卖力，客户资料整理得井井有条，而且创造出一套特有的资料管理方案。

与下属做朋友，与下属打成一片更有利于工作安排

作为团队的管理者要想让整个团队的工作更好安排，下属在工作中具有积极性和创新性，就需要与下属做朋友，做他们的知己。这样下属也就愿意将自己的一些想法、建议和点子及团队存在的问题说给自己听，对团队和下属有一个更加客观的了解和认识，下属也会觉得自己在领导心里有一定的位置，把领导当作自己人和朋友，从而增强工作的责任心、积极性和主动性，会更多地从团队和领导的角度去考虑问题，这样整个工作就会

减少阻力，开展起来更加顺畅。

怎样与下属打成一片，与下属做朋友呢？可以从下面几点着手。

1. 放下架子，不要老是板着脸，展示出亲和力，多与下属进行主动沟通，不一定是工作上的事，也可以是生活中的事，以此来拉近彼此之间的关系。

2. 对于下属的建议、想法和灵感发现，要给予认可和夸奖，即使是那些不现实的建议，因为这样下属才会再次主动“坦言”，“坦言”次数多了，总会有一些非常好的建议，同时下属会觉得自己受到重视，在领导心里有一定分量和位置。

3. 像朋友一样，能发现每一位下属身上的发光点，并学会欣赏。

4. 对于工作上的困难，要及时进行帮助和排解，不能让其影响工作，同时也能让下属感到领导的帮助好意。

5. 对于下属的一些私人困难，如家人、孩子、亲戚等出现问题让下属觉得很“难挨”，这时可以进行相应的关心并表达出有什么需要自己帮助的。

下面是一个上司通过与下属打成一片，激发下属的创造力，为团队带来了创新成果的案例。

案例陈述

日本丰华公司的老总，以前是其他公司的一名主管。一开始坂田不懂得和下属搞好关系，总是高高在上，仗着自己是公司高薪聘请来的主管，他说的话应该最有威慑力，并不需要和下属搞好关系。所以平日里总挑三拣四，埋怨下属这样不好那样不好，弄得下属怨声载道。

他看着团队没有创造力，心里很是纳闷，别的团队，每年都有新产品的研发。可是这个团队，除了完成他交代下来的任务之外，似乎并没有什么很有创造力的东西。难道是自己团队里的成员没有创造力？想来想去，恍然大悟，原因肯定是出在自己身上。

所以从第二天开始，就一改板脸的态度。对下属也放松了，还买回了一大堆日用品，让下属在疲劳的时候，可以休息一下。他态度的转变，让下属很吃惊。不仅如此，他还主动拜访下属的家，与下属主动沟通交流。

很快，他就从下属那里挖掘到了不少的优点，彼此都很信赖。他就好像与他们融为一体，下属有什么技术难题，总会来跟他请教。坂田还鼓励他们多创新，不到一年时间，他们团队创造出了50多种类型的新产品，顿时受到了老板的信赖。

才过一年多，他就被提升为公司的副总裁。

在案例中，主管一开始将自己放在高高在上的位置，与下属保持距离导致团队的创新力一度低迷。不过这位主管很快意识到是自己的原因，于是转变作风，与下属打成一片，赢得下属信赖，因此团队创造出了50多种类型的新产品，为团队带来效益的同时，成就了自己前途，成为公司的副总裁。

动用自己的资源帮助员工解决问题

员工出现问题时，如工作目标没有按时或圆满完成。这时作为领导，我们先分析问题出现在哪里？是员工的能力问题、人手问题还是相应工具的问题等，从而找出需要解决问题的方案或措施，若员工的自身无法进行弥补或挽救。我们可以利用自己在公司可调用的资源来解决问题。如工作方法有问题，可以提供相应的解决方法或要求相应的同事来协同解决。若是人手不够，则可通过调派其他员工进行增援。若工具不行，则可通过相应的部门来调配等。最终来帮助员工解决目前的问题，同时赢得员工对自己的好感、信任和依赖。

下面这个案例是部门经理，调集同部门员工和其他部门人员帮助下属解决分公司营销的实际问题。

案例陈述

老李是个人客户部营销科经理，刚到办公室，小王向他报告：分公司反映社会网点充100元送50元的营销方案和政企客户充100元送30元的方案冲突了，营业厅、热线都接到了不少客户的投诉。还有，这段时间各部门的营销方案比较集中，对系统和人员的压力都比较大，有些营销资源比如宣传资料、礼品都不到位，分公司根本开展不了工作！

老李听后，问小王有没有解决方法，小王只是摇头，表示没办法。老李马上召集所有的部门队员一起商量了一下方案冲突的内容，以及相应的解决对策。由于其中涉及其他策划方案的修改，老李立即联系到自己的多年同事，让其进行完善。

由于整个网店营销活动需要更多的人手，所以老李请求人力部调派人员，并请求客户部对营销活动反应进行调查。

在老李的各种努力帮助下，小王顺利完成了部门交给他的任务。

令出如山，让自己的命令被彻底执行

沃尔玛 CEO 罗伯森·沃尔顿曾说过，沃尔玛能取得今天的成就，执行力起了不可估量的作用。如果你希望成为一名优秀的 CEO，或者希望将你企业挑战的目标变为现实，就必须依靠执行力。团队的目标任务能完成，团队的意识能实现，团队的意志力能得到确认，需要员工的完美执行，否则，就会出现一流的想法，三流的执行力。甚至是出现执行不到位的情况。作为团队的领导或管理人员对员工的执行力得有严格的要求，让自己的话就像命令一样，得到彻底执行。

一流的执行力比一流的点子更重要

执行力是所有那些实现了跨越的公司，获得成功的共同秘诀。

——吉姆·柯林斯

执行力是指贯彻战略意图并有效利用资源，保质保量达成目标的操作能力，是团队战略、规划转化成为效益、成果的关键。所以，一流的点子需要一流的执行力，保证其结果不被明显打折，最大限度或最直接地达到决策层的要求和他们对整个结果的预想。

执行力打折，与执行的层面是成反比的，也就是执行的纵向或横向的层级越多，执行力打折就越厉害，如团队中有5个层级，每一个层级的执行力是95%，那么最终的综合执行力就是：77%（计算公式：=0.95×0.95×0.95×0.95×0.95）还算及格，若执行力再下降一些，则可能出现低于60%的不及格情况，相当于整个战略任务目标的实现和贯彻打了6折以下。所以一流的执行力能很好地贯彻和实现决策层的最初想法，不发生变样或打折。

在团队中怎样来争取做到一流的执行力，可按如下几点来尝试。

（1）严

积极进取，增强员工的责任意识。责任心和进取心是做好一切工作的首要条件。责任心强弱，决定执行力度的大小；进取心强弱，决定执行效果的好坏。

（2）实

脚踏实地，树立实干作风。虽然每个人岗位可能平凡，分工各有不同，但只要埋头苦干、兢兢业业就能做出一番事业；相反，好高骛远、作风漂浮，结果终究是一事无成。

（3）快

只争朝夕，提高办事效率。因此，要提高执行力，就必须强化时间观念和效率意识，弘扬“立即行动、马上就办”的工作理念，坚决克服工作懒散、办事拖拉的恶习。

（4）新

开拓创新，改进工作方法。只有改革，才有活力；只有创新，才有发展。面对竞争日益激烈、变化日趋迅猛的今天，创新和应变能力已成为推进发展的核心要素。

没有任何借口，任何人做事都要做到位

执行力是团队战略任务和目标实现的根本保证，一旦团队的执行力打折扣，不能做到位、做好，就会让整个战略目标和任务大打折扣。所以在执行过程中，不能以任何借口，让执行不到位，不能有一种“做了”，而不是“做好”的心态或态度来应对。因为“做了”只是走过场、给别人看，常常会有“差不多就行了”“不就是那么一点点问题嘛”“这样已经可以了”等心态。而“做好”则是一心一意以完成和实现任务为目标，其中讲究效率、质量和品质。作为管理人员，在带领团队的时候，一定要让员工在执行过程中“做好”，而不是“做了”，这样就抓住了执行的重点。

怎样来判断员工的执行力是“做好”呢？管理者可以从如下几个方面进行对比。

1. 员工接受相应任务并执行时，不会出现反悔、打退堂鼓的现象。

2. 在执行的具体过程中，遇到的问题、困难都会想方设法进行解决、突破和超越，做到对岗位负责，对职位恪尽职守。

3. 当遇到挫折或失利时，要有屡败屡战的精神，不会轻易退出或逃避责任。

4. 没有任何借口，将应该做的任务执行到底，不需要任何商量。

5. 把介绍到的任务，当成一种使命来完成。

在带领团队中，怎样让员工做到执行到位，可按如下操作流程进行。

◆ 第一步，认可

将团队战略目标或任务，清楚地讲解给队员，并阐明战略实现后给团队和个人带来的利益和好处，调动其积极性，争取他们的认可和赞同，然后，带着积极性和利益好处的追逐心理心甘情愿地去执行，保证执行到位或超标完成。

◆ 第二步，分解

在队员知道战略目标任务后，进行具体任务的分配、分解，落实到具体个人，在责任感的要求和利益好处的驱使下，队员往往一心一意地去完成自己分内的工作，在整体合作上也会心往一处想、劲往一处使。

◆ 第三步，灵活性

团队战略目标任务相对宏观，到员工具体实施时，可根据具体的实际情况进行灵活变通，使目标更加完善和实际，从而保证执行到位。

◆ 第四步，士气

在执行过程中，不断地鼓舞士气，让他们的热情更高，干劲更足，保证执行到位。

执行对事不对人，制度面前人人平等

要保证一流的执行，将执行做到位，就必须有制约员工的根本方法，不是别的，就是制度。用制度规定员工的岗位职责，要求员工执行，用制度保证执行的力度，不能出现偏差，用制度促使执行到位，保证执行高效、高质。同时，要求所有执行的员工，都必须以执行事项为中心，否则将会受到制度，一视同仁的奖惩，没有例外和人情可讲，从而保证执行到位。

下面这则案例是关于工作区域禁止吸烟执行。

案例陈述

康佳是我国著名的彩电生产企业，其内部有一条规定：不准在工作场合吸烟。这条规定看似简单，执行起来却有很大难度。但是经过一件事后，康佳的这条规定在员工中被认真地贯彻。

员工甲20多岁，既有学历又有技术，在某一次企业合并中进入康佳。康佳当时的领导班子对这名员工非常器重，很快就让他担任了一个车间的副主任。员工甲在走向领导岗位之后，更加积极肯干，表现优秀。但是，他有一个无法克服的习惯，那就是喜欢吸烟。为了执行工作场合不准吸烟的规定，小伙子只能在午饭时或者下班后猛吸几口，以解烟瘾之苦。

一个偶然的机会，员工甲发现车间的楼梯拐口处可以作为吸烟的好去处，他个人认为这个地方不能算作工作场合。有一次，他又像往常一样在这个地方点着了香烟，却刚好被公司的副总经理迎面撞上。副总经理当时虽然没说什么，但是很快从人力资源部发出了三条通告：第一，免除员工甲车间副主任的职务；第二，罚款；第三，全厂公示。

公告张贴之后，在整个车间引起了巨大的反响，部分员工认为公司的管理方式太过强硬，采取的惩罚动作过大。但是在这件事之后，康佳没有人再在工作场合吸烟了。

从案例中可以明显看出，在执行工作场合禁止吸烟的规定上，并没有因为员工甲是副主任，或者因为其技术过硬、吃苦耐劳、积极肯干和表现优秀，而解除惩罚。同时正因为企业按照制度进行严惩，才让规定得到强有力的执行。

执行不是从员工开始的，而是从自身开始的

团队领导或管理者，既是任务目标的分解和安排者，同时也是执行者，是整个团队的排头兵，是员工的方向标，起到表率和榜样的作用，会潜移默化地影响员工的思维和行动。所以领导或管理者一定要先从自身开始，严格执行，给员工积极的影响，促使员工能执行到位，把执行力做好。如下面这则案例，是东芝电器前社长要求公司成员拒绝浪费以身作则。

案例陈述

前日本经联会会长土光敏夫，在1965年曾出任东芝电器社长，由于当时公司不景气，经济不太宽裕，所以他要求所有的人杜绝浪费，还借着一次参观的机会，以身作则给东芝的董事上了一课。

有一天，东芝的一位董事想参观一艘名叫“出光丸”的巨型油轮。由于土光已看过9次，所以事先说好由他带路。

那一天是假日，他们约好在“樱木町”车站的门口会合。土光准时到达，董事乘公司的车随后赶到。

董事说：“社长先生，抱歉让您等了。我看我们就搭您的车前往参观吧！”董事以为土光也是乘公司专车来的。

土光面无表情地说：“我并没乘公司的轿车，我们去搭电车吧！”

董事当场愣住了，羞愧得无地自容。

原来土光为了杜绝浪费，使公司合理化，以身示范搭电车，给那位董事上了一课。

这件事立刻传遍了整个公司，上上下下顿时心生警惕，

不敢再随意浪费公司的物品。由于土光以身作则的努力，东芝的情况得以逐渐好转。

敢于问责，执行效果关键在于监督

所有人都有一定的惰性，这种惰性在他人的监督或要求下可以克服。鉴于此，当员工在执行团队目标、任务或规定时，为了让执行力到位，就需要相应的监督人员，不过通常情况下，管理者都是监督者，对员工起到约束作用，若是管理者一离开或放松，员工将会产生懈怠或放松，或是不按规定去执行，从而让执行效果打折扣，甚至会出现安排的任务被搁置在一边。这时，可以专门设置一些监督人员，同时，对不执行或执行没做好的员工进行询问，把违反的情况纠正过来。

在团队中对员工进行监督，提高执行力，可参考如下几点。

1. 建立督查制度，从而明确各部门的工作职责，增强全体干部职工对规章制度的执行力。

2. 对于不履行或不正确、不及时、不能有效地履行规定职责，从而导致工作延误、效率低下或是因主观因素不够工作能力与所负责任不相适应，导致工作效率低、工作质量差、任务完不成的，按照规定进行相应的惩罚。

3. 建立环环相扣的责任追究制度，对不同层次、各个岗位的员工，制定出明确的责罚条例，让执行力弱或有过错者为其行为负责。

4. 安排的工作，不管完成与否，被安排人都要在规定的时间内向安排人报告进度情况。当执行人在执行开始后发现有困难或阻力，无法按时完成，必须在规定的时间内向相应的管理人员及时反映。

5. 建立薪酬考核体系，让员工有明确的目标导向，同时又有对关键业务的考核指标。

下面是一家药业公司建立的内部监察制度，以确保公司销售政策及相关规定的贯彻与执行。

案例陈述

××药业集团股份有限公司

内部监察制度

第一章 总则

第一条 为了充分发挥××药业集团股份有限公司，以下简称“公司”或“本公司”市场总监系统的监督、评价职能，确保公司销售政策及相关规定的贯彻与执行，维护市场秩序，防范经营风险，加强监察工作，维护行政纪律，改善公司管理，提高运行效能，促进公司员工遵纪守法，现根据《中华人民共和国审计法》《行政监察法》等相关法律法规和公司章程的规定，并结合公司的实际情况，制定本制度。

第二条 公司审计监察部是公司行使监察职能的部门，负责对公司及其所属部门、单位、分公司、控股及全资子公司各单位及其员工执行国家法律、法规、政策、决定、命令的情况及违法、违规、违纪行为进行监察。

第三条 本制度是公司进行行政监督和市场监控管理的基本制度，公司根据本制度制定和完善有关的操作规程及工作指引，实现各项监控检查工作的制度化、规划化。

第二章 内部监察机构和人员

第四条 公司设立独立的内部监察机构，审计监察部，在公司主要负责人的领导下开展内部监察工作，监察工作受公司主管领导和上级监察部门领导。

第五条　审计监察部根据工作需要设立相应的监察岗位，配备与内部监察工作相适应的监察人员。

第六条　监察人员应具备相应的政策水平和良好的职业道德，忠于职守，坚持原则，熟悉监察业务，遵纪守法，秉公执法，清正廉洁，保守秘密。并且应具备与其从事的监察岗位相适应的专业知识和业务能力，善于处理人际关系，监察结果能够有效沟通。

第七条　监察人员依据国家有关法规及公司规定履行监察职责受国家法律和公司规章制度的保护，任何单位和个人不得拒绝、阻碍监察人员执行任务，不得对监察人员进行打击报复。

第三章　内部监察机构的职能

第八条　内部监察工作的主要职能有：

（一）经济鉴证职能。要求公司各管理部门和分公司（办事处）营运机构按公司现有的规章、制度、政策开展工作，逐步改进和完善管理与营运机制，提高经济效益。并对管理部门、营运机构的情况和效益进行审查并给予公证。

（二）经济监督职能。其经济监督职能包括：

① 各项管理和营运指标预算、执行情况的监督。

② 收入、支出的监督。

提升员工执行力，带好人的关键

团队中少部分人处于决策层，用来制定各种规定、目标 、任务或战略等，剩余的绝大部分人执行决策层的这些规定、目标、任务或战略等，也就是绝大部分人是执行者。所以要提高团队的决策力，就需要提升员工的执行力，也就要求管理者或领导要带好员工。

营造归属感，让员工找回自我价值

归属感可简单将其理解为员工对团队认同、信任和依赖，表现为团队意识、创新精神的发挥及主人翁意识。其形成是一个较为复杂的综合过程，一旦员工认为自己是团队中不容忽视、不能分割的一份子时，这种归属感就形成了，该员工个体就会将团队的发展视若自己前途，将该整体利益作为自己行事的出发点和归结点，愿意更加努力来增强团队的效益，甚至愿意运用自己的全部力量来促进团队的发展。

员工的归属感是一个团队发展的根本保障和动力，那么怎样来营造员工的归属感，从而激发他们的创造力、积极性和主动性，以团队的利益为出发点和落脚点，从而实现自己的价值。我们可以参照如下几条来执行。

（1）建立良好的团队文化氛围

管理人员在充分熟知企业文化的前提下，将其融入工作中，规范员工的行为，使员工之间互相支持，互相协作。领导与员工之间，心诚以待，用心沟通，使员工能亲身感受到团结协作氛围，员工自然对团队产生一种归属感。

（2）有吸引力的待遇

薪酬收入、福利待遇直接关系到员工的生活水平和档次，具有吸引力的待遇，会吸引和留下很多的优秀人才，因为他们觉得团队开出的“薪酬”与他们的“价值”相当，从而“定下心”跟着公司做，默认地把企业发展与自己利益挂钩。

（3）规划职业生涯

当下已不再是“终身合作制”的劳工关系，而是一种合作关系，绝大多数员工都会为自己的未来发展进行考虑和规划。这时，若团队能在员工入职或在职的各个阶段，为其规划和设计职业前景生涯，员工将会觉得团队对自己的重视、关心，解决了后顾之忧。这样员工自然对团队产生一种归属感，把自己的未来全部寄托给团队。

（4）良好的沟通渠道

蒙牛公司有句箴言：“98% 的矛盾是误会，”而误会的产生在很大程度上是由于沟通不畅或者缺乏沟通造成的。所以在团队中建立良好的沟通渠道和环境，让员工与领导之间、员工与员工之间的沟通、员工与团队之间之间沟通顺畅，从而减少误会，减少员工不必要的烦恼和不适，从而增加员工归属感。

（5）营造良好办公环境

良好的办公环境，主要是办公的硬件设施。优良的办公环境，除了让员工感到安全舒适以外，还会增加对团队的自豪感，成为周围人的羡慕对象，这时员工对企业的认同和眷恋就会明显增加，产生归属感。

（6）尊重员工

尊严和面子，在当代人心中表现得尤为突出，因为他们普遍受过良好的教育，尊重他人的同时也希望得到别人的尊重。同时也容易出现一种情况，在工作中被充分肯定和尊重时，他会更努力地去完成自己应尽的责任，对领导和团队更加青睐，更加努力的工作去实现自己的价值并找到自己的位置，然后得到更多的尊重和认可。

（7）关心员工

任何人都需要得到关心，团队中员工也不例外。团队的领导人或管理者若是能感受到员工的难处，把员工的困难当成自己的困难来解决，员工一定会觉得团队是一个具有人文情怀的地方，从而全心全意地追随团队。

（8）考核体系建立保证公平

建立促进员工提升和竞争的良性考核制度，有助于对员工的积极性强化，有助于形成健康的竞争氛围和人人积极向上的工作激情，让员工感受到付出多少就能回报多少的公平待遇。

作为团队的领导人，可使用一些归属感调查卷或表来对员工对团队的归属感情况进行评判。如下面某企业的一份员工归属感调查问卷。

案例陈述

企业员工归属感调查问卷

欢迎您参与本次的员工归属感调查，请根据您自己的实际情况选择最符合您真实感受的选项。

1. 你是否了解企业的发展目标？（　　）

A. 非常了解　B. 了解　C. 知道　D. 不知道

2. 你觉得你和公司的企业发展目标的关系是？（　　）

A. 公司的企业目标离不开我的成绩

B. 我的成绩对公司的企业目标有影响，但是影响不大

C. 我的成绩对公司的企业目标没有任何影响

D. 两者互不干扰

3. 对公司能否很好的发展，你是否在意：（　　）

A. 很在意　B. 比较在意　C. 无所谓　D. 不在意

4. 你对企业现有的规章制度满意吗？（　　）

A. 很满意　B. 基本满意　C. 不满意　D. 无所谓

5. 你愿意服从公司的工作调动吗？（　　）

A. 愿意　B. 要看具体情况而定

C. 不愿意　D. 直接不考虑

6. 个人感觉，你在公司的重要性是：（　　）

A. 很重要　B. 比较重要　C. 一般　D. 不重要

7. 平时在开会过程中，或在公司征集意见时，你会积极发言或提出意见吗？（　　）

A. 会　　B. 有时候会，但很少

C. 从来不会　D. 认为提了也没用

8. 你觉得公司有采纳过员工提出的意见建议吗？(　　)

A. 有　B. 有，但很少　C. 从来没有　D. 不知道

9. 你了解公司的企业文化吗？（　　）

A. 非常了解　B. 了解　C. 知道　D. 不知道

10. 你是否愿意参加公司组织的活动？（　　）

A. 很愿意　B. 愿意　C. 一般　D. 不愿意

11. 对于工作压力，你认为大吗？（　　）

A. 很大　B. 大　C. 一般　D. 小

12. 你觉得同事之间的人际关系怎样？（　　）

A. 很好，相处融洽　B. 一般，表面上过得去

C. 缺乏沟通　　D. 很差，钩心斗角

13. 你觉得公司在关爱员工方面做得如何？（　　）

A. 非常好　B. 不错　C. 一般，需要改进　D. 很差

给员工的承诺一定要兑现

信用不仅是个人的立身处世的原则，也是带好团队的重要原则。它会直接影响到员工对管理者和团队的信任度与认同感，以及员工的工作状态，如积极性，让员工考虑是否还继续待在团队中。

鉴于此，所以领导或管理人员不要轻易给员工承诺，一旦给了承诺，就要实现，不要开空头支票，不能食言，否则会让员工觉得失望，从而大大打击工作积极性，甚至没有继续跟着团队的想法。

在实际带团队中，为了激发员工的工作积极性，也要给予一定承诺时，一定要预估实现承诺可能会碰到的困难，把这些可能的困难考虑进去，再考虑是否给予承诺及承诺的含金量。

更为谨慎的做法是，每一个承诺前面都加上“可能”二字，但这种方法不要常用，时间一久员工会觉得承诺人不真诚，不能轻信或是把给予的承诺不当回事，这样也就达不到激励员工工作积极性、主动性的目的。

一旦出现承诺不能实现，好的做法是承认自己的错误及目前遇到的一些客观困难，同时尽可能完成一个可以完成的奖励，哪怕是承诺的一部分奖励，都会得到员工的谅解。但是一定不要通过私人的方式来解决或私人钱财来对其进行弥补。

如下面一则案例是关于老板给予员工承诺不兑现，造成员工集体对公司不信任，打算与公司“分手”的情况。

案例陈述

武汉一家公司，由于近一段时间销售不是很理想，老板为了激励大家，在一次晨会要结束时承诺，如果本月他们能达到30万元的销售目标，则给他们每人赠送1个“苹果6”。

9月20日，小刘和团队提前完成了这个月的目标。第二天晨会，小刘团队兴奋地等待老板给他们发奖品，结果老板居然带着6个苹果来到公司，每个苹果上写着一个红艳艳的“6”字。老板称，这是喜庆，也是进财的好兆头，以后大家还要多为公司创收。

小刘和其他同事感觉犹如一盆冷水浇到了头上，顿时没有工作积极性。他们都表示其实即使没有奖励，自己也会努力完成业绩，毕竟是与工资挂钩的。可是作为老板，承诺如此儿戏，太不讲信用，还能追随吗？于是打算集体辞职。

多给新员工积极正面的导向

新员工作为团队的新生力量，是团队的新鲜血液，对团队事务、人员等都不了解，一切都从头开始，也就是“白纸”一张。这时可通过积极、正面的引导，为其添加一些正面的、好的、积极的“底色”，将其塑造成积极和进取的员工。同时，让其感受到团队对他的关注和重视，不至于产生一种“被冷落”的“孤单”。

作为管理者，我们可以在工作中通过以下一些措施来给新员工积极正面的导向。

1. 在培训和入职期间，相应人员应向新员工传递公司选人、用人、培养人的积极、正面的观念和有效方法。

2. 相应人员必须时刻了解新员工的需求，给予积极帮助和关怀。

3. 刚加入的新员工对岗位标准和必要资源不熟悉，可先给予一些简单的任务，帮助其建立工作标准和安全感，再逐步加大难度。

4. 新员工入职初期，尽可能多给予肯定和激励，若发现问题，及时提醒并协助其解决。

深入分析员工个人因素，挖掘员工执行力

团队中每一个员工的性格、智力及学历等都不同，各有各的特长和不足，要深入挖掘员工的执行力，就必须深入分析员工的个人因素，然后采取对应的措施，对症下药。下面我们介绍一些团队中常见的员工类型，并采用合适对策，深入挖掘其执行力的方法。

（1）针对虎头蛇尾类型的员工

在团队中对于做事虎头蛇尾，不能有始有终的员工，可通过引导的方式，让其做到对工作负责，做到有始有终，不半途而废。可参照如下几种方法。

1. 领导或管理人员以身作则，做出表率和榜样。

2. 培养员工责任感，让其对工作有负责之心。

3. 以鼓励和表扬为主，一旦出现问题要及时给予帮助，使他们产生愉悦感和自信心，圆满完成工作。

4. 对员工的自制能力和意志力的培养。

5. 对其进行监察，让其在指定时间段，无论工作开展到哪种程度，都必须汇报。

（2）针对害怕出错类型的员工

对于那些在工作中缩手缩脚、怕出错的员工，往往是因为不自信、缺乏勇气、怕担责任、怕被其他同事小看等。要提升他们的执行力，可以采用如下几条方法。

1. 先安排一些容易完成的任务，培养自信，然后逐步加大难度。

2. 鼓励大胆尝试，不怕犯错、勇于犯错。

3. 管理者带着问题，与他一起解决，及时给予帮助和参考意见，但自己不解决问题。

4. 一旦员工出错，积极帮助分析犯错的原因和细节，并告诉他，只要细心就能克服。

5. 适当进行强制命令其做他怕的事情，并斩断其退路。

6. 让其了解自己的能力，以及其他人对犯错的人的正确看法和意见。

7. 让其与其他敢于犯错的同事一起工作，让其目睹到他人犯错的情况。

（3）针对丧失感觉类型的员工

对工作产生“疲劳”是很多员工都会出现的情况，在“疲劳”期间员工会对工作丧失感觉，产生消极情绪，工作积极性和效率都会极具下降。产生的原因主要在于工作重复、前途无望、枯燥乏味或者是缺乏忧患意识。面对这样的员工，可采用如下几种方法。

1. 明确其岗位职责，用制度进行鞭策和约束。

2. 为其安排一些新的临时任务，最好是带有挑战性。

3. 拓展工作业务宽度或调换工作岗位。

4. 为其规划职业发展方向，给其希望和动力。

5. 可临时安排其出差、旅游、休假进行心情调节，同时让其感到公司对其的关心和重视。

6. 客观分析行业情况，让其知道工作岗位的竞争激励情况，以及生活和换工作的成本等。

7. 告诉其工作的目的是为了学技能，更重要的是提高自己对外界的认知、对事物的判断、对人生的认识及让自己拥有学习的能力，而不是单纯工作挣钱。

（4）针对敷衍了事类型的员工

团队中绝大部分员工都会认真积极对待自己的工作，极个别员工对工作敷衍了事，产生这种情况主要是因为当事员工缺乏责任感、不用心、能力不够或者是存在侥幸心理。这时可采用如下几种方法。

1. 让员工明白岗位职责和要求，让其知道做好本职工作是最基本的要求，也是必要的条件。

2. 加强爱岗敬业的精神和责任感，让其主动承担起责任，在心里形成“这是我该负的责任”的意识。

3. 奖惩结合，对于认真完成的项目进行奖励，对敷衍完成工作的进行惩罚。

4. 在安排工作时，将各项任务落实、明确各自的职责及各项任务的标准要求。

5. 对敷衍了事完成的任务，责令其进行整改。

6. 与当事人进行真诚沟通，了解其内心想法，然后做出相应的反应和措施。

7. 通过培训来解决技能上的短板和不足。

8. 紧抓工作态度和质量的要求，做好督查力量。

第 7 章 ○ 事必躬亲要不得，把工作交办下去

作为团队的领导或管理人员，如果事事都要自己亲力亲为，必定会劳累不堪，下属也会觉得不被重视。为了避免事必躬亲，同时提高下属工作的积极性，授权就显得尤为重要。鉴于此，在本章中将会具体介绍授权的方法和技巧。

适当授权，给下属自由发挥的空间

带领团队，不仅仅是让其做分内的工作，还应让他们发挥自己的才能。承担其更多的事情，提供自由发挥的空间，锻炼和培养他们，这样不仅可以培养出人才，还会得到他们的感激，也会让自己变得轻松，而不是事事亲力亲为，就像管理专家旦恩·皮阿特所说的能用他人智慧去完成自己工作的人是伟大的。

授权可以让下属与你一起分担责任

对于授权最直白的理解就是，将自己负责的项目或任务交给下属去完成，当然也会附带相应权利，如用人、用钱、做事、交涉、协调等决策权。同时也是职责的再分配过程，把原先属于自己的全部责任，通过授权分配给下属，让下属与自己一起分担责任。若是任务失败，一部分责任下属将会承担，自己担负的管理职责。

由于授权的基本依据是目标责任，管理人员要根据责任者承担的目标责任大小授予一定的权力，所以在授权时要遵循以下一些原则。

（1）相近原则

它包含两层意思，一是给下级直接授权，不要越级授权；二是应把权力授予最接近做出目标决策和执行的人员，这样一旦发生问题，可立即做出反应。

（2）授要原则

授给下级的权力应该是下级在实现目标过程中最需要的、比较重要的权力，能够实质性地解决问题。

（3）明责授权

授权要以责任为前提，授权的同时要明确其职责，使下级明确自己的责任范围和权限范围。

（4）动态原则

针对下级的不同环境条件、不同的目标责任及不同的时间，应该授予不同的权力。贯彻动态原则体现了从实际需要出发授权，具体可采取如下几点。

- 只授予决策或处理某一问题的权力，问题解决后，权力即收回。
- 在某一特定环境条件下，授予下级某种权力，环境条件改变了，权限也应随之改变。
- 授予下级的某种权力有一定的时间期限，到期权力应该收回。

交办工作越重要，下属越有干劲

下属通常都希望得到领导的重视，希望得到重用，从而证明自己能力，实现自己的价值，在团队赢得声望和荣誉，确认自己在同事心中的地位。为此将一些重要的工作，交给那些具有完成能力的下属，把相应的权限授予他们，让他们帮自己完成。

在他们看来是团队给自己的才能展示的机会，是团队对他们的信任和重视，一定要应用全部能力、资源和时间，以最大的干劲来最好地完成。

这里一定要注意的是，由于工作重要，所以在授权前一定要选择合适的授权对象，这个对象至少得包含如下几点要素。

- ◆ 被授权对象应该在品行方面信得过。
- ◆ 有积极热情的态度，敢于付出，敢于承担责任。
- ◆ 具备真才实学，不能是纸上谈兵。

案例陈述

1995 年夏天，格力集团的销售量急速膨胀，财务出现很多漏洞，因为财务负责人的权利较大，需要一个对权利有很强自我约束力的人来负责。

董 × 时任经营部部长，正好具有这样的品质，并其在长期工作得到印证，恰巧董 × 自己也主动要求承担这个责任，董事长对其表示这样做会加大她的工作量，更重要的是加重了她的责任，但我们都会相信她。

作为财务部的负责人后，董 × 比以往付出的精力更多，更加努力，加上其才能，在之后不久的时间里让公司财务变得井然有序。

合适的人选，是授权的前提

授权是把项目或任务全权交给指定人员来负责，所以其中被授权人就成为一个关键对象。这个对象不是随便选定，而是需要认真挑选，保证将权力授予合适的人员，安排的任务或项目能按质、按量、按时的完成，同时也不辜负自己的期望。

根据下属特长进行授权

授权，最基本的要求是将权力授予那些有能力的人员，保证工作的顺利开展和完成。由此可见，授权的对象必须是对当前工作擅长或特别专业的，是这方面的行家和高手。

作为团队管理者，怎样才能充分挖掘员工的特长呢？可从以下几个方面着手。

1. 让下属自我介绍，将这些与工作的特长记录下来，然后在恰当的时候进行验证，如临时性的工作、任务等。

2. 带有一颗发现和挖掘员工特长的心，在合作中发现下属的特长。

3. 换个角度来发现特长，也就是将下属的“短处”，如斤斤计较、呆板等，将其转换为能授权的“特长”。比如将斤斤计较的员工培养成财务人员或仓库管理人员，然后将授予相应权力等。

4. 提供更多机会让员工去尝试，并允许他们在尝试中犯错误。这既包括对本职工作的创新做法，也包括本职工作之外的新的挑战机会。

下面是管理者在日常工作发现员工的特长，并对其授权的案例。

案例陈述

小罗是一名外勤人员，平时表现一般，没有展示出他有什么特长，有一次经理和他一起出差，航班因为天气原因晚点了，有点着急，客户还在等着经理洽谈合同。

小罗立刻给客户打电话，告知航班晚点的情况，并取得了对方的理解，一路上经理发现他考虑问题很周到细心。到了客户公司，他跑前跑后的，而且总能在对方提出问题之前就先想到，并和经理商量好解决方法，给客户一个满意的答复。这让经理眼前一亮，觉得这种为对方着想的人，很适合做客户管理的工作。

回到公司后，经理决定让他负责客户管理工作。时间证明，小罗在实际工作中充分应用了这种细心周到为客户着想的特长，赢得了大量订单，同时还开发了几家大客户。

怎么对授权人选进行综合评估

授权给谁，是授权的关键步骤之一，除了考虑被授权人的意愿之外，还需要考虑很多其他的因素。如职业道德是否过硬，是否能灵活机智地完成任务，是否有自我开创能力及协调与合作精神，是否善于思考等。所以，在授权前一定要对被授权人进行综合评估，除了平时的观察外，还可以采用哪些方法呢？

1. 员工绩效考评方法，是一种兼有测量之长和评定之优，对所有员工的素质、能力、态度、业绩进行计量、鉴别的方法，是一种定性与定量相结合的方法，能很好地反映出员工的综合素质（关于绩效的有关知识，在第九章中将会进行详细讲解）。

2. 使用相应的素质测评表来测试和评估，如下面一份员工素质测评问卷的部分试题。

案例陈述

人员素质测评试题库

1. 人力资源最佳发挥的前提是“人事相宜，人适其事，事得其人，人尽其才，才尽其用”。实践表明，每种工作职位对其任职者都有一种基本要求，当任职者现有的素质合乎职位要求时，个体的人力资源就能主动发挥作用，创造出高水平的绩效，因此，在人事配置中经常需要运用（ ）测评。

A. 选拔性　B. 诊断性　C. 配置性　D. 开发性

2. 记忆的（ ）是指对某方面知识的再现没有任何歪曲、遗漏和附会。

A. 完整性　B. 准确性　C. 公正性　D. 合理性

3. 明尼苏达操作速度测验主要用来测验人的（ ）能力。

A. 文书倾向　　B. 运动技能倾向

C. 机械倾向　　D. 技能技巧

4. 面试中，所谓（ ）原则是指主试人应该从多方面去把握考生的内在素质，应从整个的行动反应中系统地、完整地测评某种素质，而不能仅凭某一个行为反应就下断言。

A. 客观性　B. 目的性　C. 全面性　D. 标准性

5. 区分度，是指项目把具有不同素质水平的被测适当区分开来的（ ）能力。

A. 鉴别　B. 操作　C. 管理　D. 考查

工作要交出去，权力更要授出去

授权从组成部分而言大体可以分为两部分，一是工作，二是权限。一些团队管理人员或领导在授权时，只是将工作交给了下属，让其好好做，不要让他失望，可是没有将相应的权限给他。这就让被授权人在工作中缺乏团队资源的支持，让其无所适从，最后工作的完成可能也会大打折扣或者是不能达到授权人期望的效果。

从授权的角度而言，工作没有完成好的责任在授权人身上，因为他只是把工作交出去，而没有把权力授出去。

那么在授权时，怎样做到工作交出去，权力也交出去呢？可按照如下几点进行操作。

◆ 考虑授予哪些权力

要弄清楚完成这项任务的条件是什么，涉及哪些部门和人员。哪些条件被授权者可自己创造。

◆ 授予团队资源调配权利

授权时必须明确任务目标，给被受权人全面调用需要的人、财、物、信息等的权利，并向相关部门、人员下达相应通告，指示他们大力配合。

◆ 告知必要经验

授权时，告知一些与工作完成相关的方法技巧，以及一些程序和关键环节等，让其少碰壁、少走弯路。

◆ 把工作交给授权人

向授权人制定明确的工作目标、截止日期和验收标准，以及期望的成果，把工作真正交出去。

给有能力的下属锻炼的机会

授权的目的之一是激励员工，开发他们的潜力，让其发挥更多的主动性和积极性，把自己融入团队中，对团队产生归属感，把自己作为团队的一分子或是主人。所以，当有锻炼机会的工作、项目出现后，可以将这些机会留给那些有能力的人，给其锻炼和成长的机会，无论其他人员是多么合适和主动，也无论备选人员有多少。因为这样做具有以下几个好处。

1. 团队对员工是一视同仁的，大家都有磨炼和成长的机会，都有展示才能的舞台，这里有员工的发展机遇，利于留住有能力的员工。

2. 员工会感受到团队对其的关心，懂得其能力大小和水平的高低，不是团队中默默无闻的人。

3. 利于团队形成一种紧密合作、相互支持、团结一致的凝聚力。

4. 有利于团队内部组成只要有能力就会被重用的思维模式。

5. 对选拔人才和培养接班人非常有利。

下面这则案例是描述一位职工，通过一项短暂的工作授权发现其才能。

案例陈述

某公司某车间主任姓王，大学本科学历，正规院校相关专业的毕业生，由于工作态度端正，尽职尽责，有思路、有想法，因此大家都对他的工作能力表示认可和称赞，虽然年龄不大，但大家都称呼他为老王。

老王虽然业务能力很强，但一直很低调，只做好本职工作，其他的事务不太关心。

由于车间的主管马上要退休，急需培养接班人，所以在车间员工中通过安排临时工作任务的方式，来试探谁有这样的能力。在前期的试探中，虽然有几名员工合适，不过，车间主管抱着试一试的心态，继续试探 。最终，这种试探轮到了老王身上。老王接过任务后，对任务工作进行分解，分配给相应人员，协调相应部门给予人力和后勤的支持，与同事一起攻克各种难题，在整个工作任务的过程中，在老王的安排下，车间员工始终保持很高的士气，最后圆满地完成各项任务指标。

车间主管对老王非常满意，没有想到这位员工还有这种能力，最后确定将其作为接班人，并进行培养。老王上任后，带领车间员工不断创新生产指标，多次获得先进工作部门称号。

交办工作要把握原则

授权的目的之一是让工作完成，目标实现。因此，授权人在给被授权人交办工作时，一定要掌握交办工作的原则，如工作的具体事项、期限、责任及授权的大小、权力范围等，做到授权开始时，心里有分寸、有掌握。让被授权人也能明确无误地清楚，这样能保证工作的顺利完成，也能保证整个过程的沟通顺利，不至于出现由于信息不对称导致的沟通障碍和误解等。

明确事项才能避免出现差错

在布置任务或安排工作时，需要将工作任务的相关事项明确，说清楚、道明白，让接受工作任务的下属心里清楚，不糊涂，保证下属是按照自己的意愿开展和完成工作，不能是下命令的笼统方式。

要向员工明确工作任务的重要事项，可以抓住如下几点关键要素。

1. 在安排工作任务前，对任务有一个全面地了解和把握，弄清楚工作任务的难度系数、需要的资源、时间等，保证在安排任务时，不至于说不清楚，导致员工听起来也糊涂。

2. 要明确任务的时间节点，如开始时间、结束时间、中途回报时间等。

3. 明确工作任务需要达到的结果，达成的目标。

4. 明确用什么方式来评判，用什么标准来衡量。

5. 明确任务的相应权限职责，涉及的部门和人员。

6. 授权的范围和程度。

7. 听当事员工对工作任务的理解和阐述，以此判断当事员工是否真正明白安排的工作任务事项，获得一致认同后再予以推进。

适度授权才能稳定大局

将权力授予执行任务的员工一定要掌握分寸，不仅要根据任务来衡量，还要根据被授权人的能力、资历和经验来判定，这样才能让整个大局稳定，起到激励员工的目的，营造具有团队凝聚力的效果。

对于任务需要的权限，领导可根据任务完成需要使用到的资源，如人力、物力、财力及相关技术等，来判定应该给被授权人的权限大小。同时，还可以根据员工个人情况来做出决定，具体如下。

1. 对于那些刚进公司且工作经验缺乏的新员工，给他们安排的任务都是最基本的事务性工作，目的是让他们尽快熟悉工作过程和技能。这时，授予他们的权力通常是制约性授权，也就是授权后，实时监督检查和指导。

2. 对于有一定经验，但技能欠缺的员工，可以采用弹性授权，也就是不定时交给他们一些具有挑战性的工作，同时给予技术上的支持，有时要求手把手地教，目的是让他们快速成长起来。

3. 对于中层干部，可采用不完全授权，保留一部分权力，因为他们在经验和技能方面经验不足，必须对其进行相应的帮助和指导，有时会根据需要进行临时干涉。

4. 对于团队的核心员工，可以完全授权，只需把工作任务交给他们，权力放给他们，放手让他们去发挥，不让其跑偏即可。

下面这则案例是对员工授权过大导致拥有233年历史的银行垮了。

案例陈述

1995年2月27日，世界上有着233年历史的巴林银行垮了。拥有4万员工、下属4个集团，全球几乎所有的地区都有分支机构的巴林银行怎么会垮呢？因为李森——巴林银行曾经最优秀的交易员之一。李森当年才28岁，是巴林银行新加坡分行的经理。他25岁进入巴林银行，主要做期货买卖。之前李森的工作非常出色，业绩也很突出，据说他一个人挣的钱一度达到整个银行其他人的总和。为了表示巴林银行对人才的重视，董事会决定采取一个政策，让李森拥有先斩后奏的权利。

可巴林银行没有料到，正是这一决定，使巴林银行走上了毁灭的道路。从1994年年底开始，李森认为日本股市将上扬，未经批准就套汇衍生金融商品交易，期望利用不同地区交易市场上的差价获利。这一举动如果放在别人身上，早就引起上面的审查了，可是李森有先斩后奏的权利，没有人对此表示异议。后来，在已购进价值70亿美元的日本日经股票指数期货后，李森又在日本债券和短期利率合同期货市场上做价值约200亿美元的空头交易。这等于把整个巴林银行都压在了日经指数会升值上。

但不幸的是，日经指数并未按照李森的预测走。在1995年1月降到了18 500点以下。在此点位下，每下降一点，巴林银行就损失200万美元。李森又试图通过大量买进的方法促使日经指数上升，但都失败了。随着日经指数的进一步下跌，李森越亏越多，眼睁睁地看着10亿美元化为乌有，而整个巴林银行的资本和储备金只有8.6亿美元。尽管英格兰银行采取了一系列的拯救措施，但都没能救活这家拥有233年历史的银行。

权责平衡才不会出现偏差

授权的本质是上级对下级的决策权力的下放过程，也是职责的再分配过程，为了保证下属能顺利完成工作和任务，必须保证职责和权力平衡。因为若职责大于权力，相应人力、资源或金钱无法调用，工作难以开展，就会导致任务无法按时完成，也无法保证完成的质量。若职责小于权力，权限就会超出时间工作的需要，很多权力被滥用或用于其他地方，导致团队内部人员混乱、资源浪费、下属权势心重。当职责和权力平衡可以让下属迅速地成长起来。

下面是分公司经理的授权体系大纲的部分条理，目的是建立起权、责、利相匹配的管理制度。

案例陈述

为推进公司的持续发展，不断完善公司的管控体系，最终建立起权、责、利相匹配的管理制度，现将分公司经理职权范围明确如下，授权双方最终以书面授权书形式予以保证执行。

1. 业务授权

（1）分公司总体经营管理

制定分公司总体发展策略，并提交二级区域总裁审批：

• 审核分公司年度经营计划，并提交二级区域总裁审批。

• 建议分公司内大规模实施购并活动，并提交二级区域总裁审批。

• 建议分公司内大规模投融资活动，并提交二级区域总裁审批。

• 按分工负责分公司内政府高层的公关活动。

（2）运营

1）运营管理

① 市场发展

• 审核分公司修改事业发展计划和经销商营业守则建议书，并提交二级区域经营管理部汇总。

• 审批分公司区域市场激励计划（涉及集团政策的需上报总部审批）。

• 审批分公司市场发展《商业计划书》。

• 审批分公司内专卖店形象设计方案。

② 产品管理

• 审批分公司产品管理策略和标准（如分公司产品的淘汰替换、新增标准等）。

授权与分权要拿捏好尺寸

一些管理人员或是领导，没有将授权与分权区分开来，误把分权当作授权，硬生生地把自己的权力分给他人，不闻不问，同时把自己的责任全部推给他人。

分权和授权最明显的区别在于，工作、任务的制定权和决策权。授权是权力的暂时下放，完成任务的过程，制定权和决策权在授权人手中。分权则是将工作、任务的制定权和决策权全部分配给他人。

管理者若是把授权变成分权，那么自己就成了该项任务的局外人，对任务的制定和决策都没有权力，对任务完成的过程也就没有实质的监督权，容易导致最后的工作任务失败。

下面是一个典型将授权变成分权，导致销售失败的案例。

案例陈述

一个省级经销商李某把他属下的所有人员召集起来说：“大家都很了解目前公司的情况，近段时间里也不断有人给我提建议。确实，目前公司发展到了这么大的规模，什么事都是我一个人说了算，这是不行的。所以我开始授权，请大家替我分担一些工作。

采购、仓管、财务、销售、服务等各个部门，你们都有各自的职责范围，从今天起，大家可以自己拍板。不过，在做出任何重大决策之前，请先征求一下我的意见，而且请记住，不要做那些我不会去做的决定。”

一切都安排妥当之后，李某认为自己从今天开始，应该会过得轻松一些了。但接下来发生的场景却是让李某哭笑不得。

采购部门认为要获得老板的赏识，就必须严格遵守李某原来的做法，即按公司原来的进货渠道，继续采购那些公司一直销售的产品。采购部的执行力也大，他们甚至连产品型号、款式仍一如既往，不管销售部如何叫嚷，不管这些产品在当前是否适销对路，照进不误。因为他们坚信：严格遵守老板的做法，就算做得没有老板一样好，至少也不会犯错误。

如此一来，销售部的日子就不那么好过了。销售部面对着这些新进的过时产品，急得像热锅上的蚂蚁。不过马上就有人提出解决办法，他们向李某提出：为了抵抗竞争，提高销售量，可以做些小小的促销活动。

促销活动是常事，李某没有细加追问就同意了。于是销售部的员工们就下到各销售实地，像钦差大臣一样自作主张给客户赠送了大量的促销品，向客户承诺更多的服务内容，产品销量快速上升，但到月底一算，销售总量上升了，营业利润总额却下降了。

企业授权后怎么乱成一团了呢？李某于是又召集下属："我们需要加强组织管理，公司需要更多的控制。"但是，在现有经销商李某意识和管理水平下，任凭再多的规章制度最终也会变成一纸空文。

在案例中经销商李某把分权当作授权，对各部门的工作基本不加过问，最明显的是销售部的促销活动，其他部门为了迎合李某，严格按照以前方法，出现各种矛盾，导致整个团队工作乱成了一团。其主要责任在于经销商李某不懂如何正确授权。

授权后要实时询问

作为授权人，把工作和任务交给下属后，并不是当甩手掌柜完全不管，需时时关心和查看被授权人的工作进展，有没有在滥用权力，过程中有没有困难，有没有出现差错等，以此来保证整个授权过程在自己的掌握中，保证工作任务的顺利进行和完成。如管理专家彼特·史坦普所说的："成功的企业领导不仅是授权高手，更是控权的高手。"

避免交代不清楚让下属无所适从

在很多时候授权人在给下属安排工作时，说得不够具体，甚至是含糊不清，下属自然感到混乱，不知道从何开时，也不确定这样做是否符合领导的心意。在不断的猜测中时间一点点被浪费，使整个工作完成的有效时间变得更长。所以，授权后需要对当事人的工作进行询问，这样就可以知道当事人是否在按照自己的想法或预计思路开展工作，把下属不明白的工作事项再次对其具体说明，特别是那些没有弄清楚或是理解错误的地方进行纠正，保证工作及时有效地完成。如下面这则案例。

案例陈述

某公司市场部的王经理将老客户答谢会活动现场的布置任务交给了主管小刘，要求小刘在星期五之前完成会场布置任务。接受任务后，小刘作为主管找来 3 个下属，当面告知如何布置会场，开始亲自准备。

结果到星期五时，市场部王经理非常不满意会场布置，提出异议："为什么将椅子放成一排一排的，不便于大家交流呀！为什么只放三排，才 30 个座位，明天可能会来 45 个人，也没有准备茶点……"

一方面，作为下属，虽然小刘积极地执行了任务，但是上级王经理仍然不满意，感觉环境布置不合自己的心意；另一方面，小刘感觉已经尽心竭力做好工作，王经理反而有些"鸡蛋里挑骨头"，过于苛刻。

在案例中可以明显看出，王经理没有将任务的具体标准说清楚，比如会场布置成什么样子、是否需要茶点、是否需要条幅等。最后会场布置的结果不符合经理的心意，员工也觉得经理有些"鸡蛋里挑骨头"，过于苛刻。

多一些沟通更有利于工作的执行

安排工作后，授权人对被授权人要多些询问，增强彼此间的互动沟通，把工作中不清楚、不明白、不知道如何处理的事项进行意见的交换，把一些不到位和不正确的地方及时给予纠正，把不足的地方及时给予支持和帮助，可以保证工作的顺利进展和完成。同时，还有利于授权人了解和掌握工作的具体情况，被授权人是否尽职尽责，做真正的控权人，避免工作出现较大的偏差或权力滥用，自己担负较大的责任。

同时，在沟通的过程中应该放平语气，不要颐指气使，多用温和的要求用语，如“请”“麻烦你”“帮我”等。

如下面这则案例，就是因为领导忙于工作，在安排任务时没有交代清楚，通过询问和温和式沟通，从而使工作落实到位顺利完成。

案例陈述

某领导要吩咐一项任务给下级张某：“小张，麻烦你把这个报告复印，待会交给总经理。”

小张接到这项工作安排后随即开始行动，不过复印时，产生了三个问题，这两份复印件的质量有没有要求？复印多少份？最迟什么时候交给总经理？

正准备主动询问安排任务的领导，发现他正在忙着招待客户，就没敢打扰，同时，也放下手动的复印工作，回到自己的办公桌。

安排任务的领导会见客户后，顺口问了句：小张，报告复印给总经理了吗?

小张回答说：有几个问题不清楚，所以暂时放下了。

领导：什么问题?

小张：报告复印几份？对复印质量有要求吗？最迟什么时候要?

领导：刚才忘了说，你看我这都忙忘了。调查报告复印两份，在下班之前送到总经理办公室，要留意复印的质量，因为总经理要带给客户参考！

询问要多用建议少用命令

授权后对于工作询问要多用建议，少用命令。因为他们可能已有自己的想法，没有人喜欢被人呼来唤去所以最好的方式是用征求的口吻问他，如“工作能在15日完成吗？”“新的设备好用吗？”“能不能抽空，先把A工作完成？”等，正如松下幸之助曾说过的：“不论是企业或是团体的领导者，要使属下高高兴兴、自动自发地做事，我认为最重要的是，要在用人和被用人之间建立双向，也就是精神与精神、心与心的契合和沟通。”

如下面这个案例明显证明了工作中建议比命令好用。

案例陈述

王某由于技术过硬，有丰富的经验和资历，加上车间员工都非常拥护他，在车间主任患病住院期间，将车间的生产管理工作暂时托付给他，让其代办，直接对生产部负责。

由于近一段时间生产任务繁忙，大家都忙着搞生产，无暇顾及卫生情况，生产车间里比较脏乱。一天生产部副主任来到车间，看到车间脏乱，非常不满意，带着气愤的情绪，把车间主任叫了过来，带着斥责和命令的语气，大声地说：“看看你的车间，又脏又乱，还不赶紧收拾一下！”

王某很不高兴地回应道：“最近生产任务这么重，加上人手不够，我们忙得连上厕所的时间都没有，吃饭都在抢时间，哪还有时间收拾这些？”

副主任一听，觉得王某说的也有道理，无可辩驳和指责，默默地离开了，生产车间仍然保持原样——脏乱。

没过多久，生产部主任来到车间，也发现车间比较脏乱。他先在车间里四处巡视一番，然后找到王某，关切地问：“最近忙坏了吧？”

王某说：“还好，大部分任务已经完工了，剩下的任务可以按部就班地进行了。”

生产部经理说：“我在车间转了一圈，感觉里面有点乱啊，能不能抽个时间收拾一下？”

王某说：“我也注意到了，我马上安排人整理。”

大概过了半个小时，主任再一次来到车间，发现里面已经井然有序，十分整洁。

第8章 ○ 用激励的手段彻底激发员工的干劲

管理人员的任务可理解为借助和依靠他人去完成目标任务。那么怎样才能让员工更加积极主动地去完成分配的个人任务呢？答案就是：激励。拿破仑曾说过："真没想到这些破铜烂铁的奖章就可以让他们这样卖命。"在本章中我们将会介绍如何应用这些"奖章"来让员工为团队"卖命"。

物质和赞美激励

如果把员工比作运动员，一般情况下只会展示出正常的能力和水平，若要想运动员跑出超越自己平时的水平，就需要驱动力，物质和激励就相当于员工的“驱动力”，能让员工更加有激情和爆发力。下面我们就一起来探寻使用这些物质和精神激励的“驱动力”的方法技巧。

项目失败更要奖励出色的队员

给员工安排的项目没有完成，通常会给公司带来较大的损失和责任，对相应的失责人员应按制度进行惩罚，让其吸取教训，总结经验避免再犯。同时，对于项目中那些表现出色的员工为避免项目失败，做出贡献的也要进行奖励，做到赏罚分明。

案例陈述

三国演义中，诸葛亮采用声东击西的方法，传出消息，要攻打郿城（今陕西眉县），并且派大将赵云带领一队人马，进驻箕谷（今陕西褒城北），装出要攻打郿城的样子，实际是攻打祁山，为了防止司马懿断其粮道，特派马谡和王平守街亭，阻挡司马懿大军。

马谡和王平带领人马到了街亭，张郃的魏军也正从东面过来。马谡看了地形，对王平说："这一带地形险要，街亭旁边有座山，正好在山下扎营，布置埋伏。"马谡没有打仗的经验，自以为熟读兵书，根本不听王平的劝告，坚持要在山上扎营。王平一再劝马谡没有用，只好央求马谡拨给他一千人马，让他在山下临近的地方驻扎。

王平提醒他说："丞相临走的时候嘱咐过，要坚守城池，稳扎营垒。在山上扎营太冒险。"

张郃率领魏军赶到街亭，看到马谡放弃现成的城池不守，却把人马驻扎在山上，马上吩咐手下将士，在山下筑好营垒，把马谡扎营的那座山围困起来，蜀军在山上断了水，连饭都做不成，时间一长，自己先乱了起来。张郃看准时机，发起进攻。蜀军兵士纷纷逃散，马谡要进也进不了，最后，只好自己杀出重围，往西逃跑，街亭失守。

王平带领一千人马，稳守营盘。他得知马谡失败，就叫兵士拼命打鼓，装出进攻的样子。张郃怀疑蜀军有埋伏，不敢逼近他们。王平整理好队伍，向后撤退，不但一千人马一个没损失，还收容了不少马谡手下的逃兵。

马谡和王平回到汉中，诸葛亮因为马谡失街亭，打乱整个北伐计划，杀了马谡。

王平在街亭曾经劝阻过马谡，在退兵的时候，又用计保全了人马，立了功应该受奖励，就把王平提拔为参军，让他统率五部兵马。

在本例中，诸葛亮把守街亭的任务交给了马谡，马谡由于自负，导致惨败，街亭失守，最后损失惨重，受到了惩罚。王平由于先是苦劝，然后再冒死营救马谡将士，在整个守街亭的任务中表现出色，虽然最后失败，但其个人功绩不可磨灭，诸葛亮对其进行提拔。同时，需要注意的是，在很大程度上是诸葛亮在用人上出现错误。

设立优秀个人奖

要避免团队出现太和气，没有竞争力和拼搏心的氛围，可通过设立优秀个人奖，并配有相应的物质和精神奖励，激发队员的进取、竞争和相互比拼的心理，形成一种你追我赶的良性竞争工作氛围。

在团队中设置优秀个人奖，需要注意如下几条准则。

1. 规定获奖的人数，通常情况下是 1 人。

2. 规定哪些员工可参与优秀个人奖竞争。

3. 优秀个人奖的奖品，一定要起到激励的作用，也不能过多，通常是现金和证书。

4. 规定提名标准，如入职时间、工作态度、团队意识等。

5. 评估的标准公开化公正化及公平化。

6. 每一次评估优秀个人奖的间隔周期。

7. 参与提名方式，是自己申请，还是领导内定。图 8-1 所示为一份员工自己申请个人优秀奖的表格模板。

年度优秀员工评选申请表

__________年度　申请部门：______ 中心__________　　申请日期：______年____月____日

申请项目	1、一线标兵：表扬奖☐　优秀奖☐　卓越奖☐　2、模范骨干☐ 3、模范干部☐　4、业务标杆☐　5、技术创新奖☐			
入选人员基本资料	姓　名		工　号	
	所属部门		职　务	
	入职日期			
工作业绩及主要事迹	申请人：　审核：　日期：			
中心/部门意见	审核：　日期：			
行政中心审核意见	☐同意 ☐驳回、重新申请 ☐取消资格（部门名额取消）	审核：　日期：		
董事会意见	☐同意（一致通过）　☐驳回、重新申请　☐取消资格（部门名额取消）			

备注：
1、评选过程中要遵循公开、公平、公正的三公原则；
2、评选过程中各中心/部门尽量保持充分沟通，并注重对客观事迹的收集和验证；
3、从一线员工到公司高层管理，全部覆盖至评优工作中，同时必须坚持“宁缺勿滥”原则，没有合适人选应作“缺额”处理，不可随意应付、替代；

制表：行政中心

图 8-1

下面是一公司为激励员工设置优秀个人奖的评估方法。

案例陈述

优秀员工评选办法

为了提高员工工作积极性，展现我司优秀员工的风采，形成人人争当先进、人人为公司服务的良好氛围，决定今后每月开展评选“优秀员工”的活动。具体内容如下。

一、评选标准

1. 在公司工作满 1 个月以上。

2. 遵守公司管理规定，热爱工作岗位、任劳任怨，服从上级安排。

3. 当月出勤为全勤（当月无迟到、早退、旷工、病事假）。

4. 所在岗位工作操作熟练、质量标准掌握良好，无生产、质量重大事故。

5. 关心、团结公司其他同事，并能得到公司其他人员的认可。

6. 主动向上级提出合理化建议，并能给公司带来一定效益。

7. 做好本职工作的同时，会主动去做其他力所能及的事情。

二、评选流程

1. 每月月底生产部与品管部负责人，经协商后从现场员工中选出 2 名优秀员工。

2. 次月 5 号之前综合部以通报方式在管理看板上进行公示。

三、奖励标准

1. 每月评选出的优秀员工会得到公司给予的现金奖励（100～200元不等）。

2. 连续3个月评选为优秀员工，可得到免费参与公司组织的管理层培训及奖金。

3. 所有优秀员工照片都会张贴于公司光荣榜中，以作为其他员工学习的榜样。

四、职责

1. 生产部、品管部负责组织优秀员工的评选工作。

2. 综合部负责优秀员工的公示、宣传工作。

3. 财务部负责奖金的发放工作。

五、实施

本规定从2010年5月开始实施。

鼓励多劳多得，拉开员工收入差距

要激发员工的工作积极性和主动性，就需要实行多劳多得政策。同时，让员工的收入拉开，产生明显的差距。若这个差距较小，或者不按照多劳多得的方式进行报酬，那么团队内部就是死气沉沉，没有做事的主动性，很多事情容易被推诿或延迟，因为做不做都同样的收入，那为什么不想办法把工作推给别人或尽量拖延，这对团队而言影响重大。

多劳多得，收入拉开差距，可让大家主动找事情做，把自己劳动和时间用来换取报酬，这样大部分员工都会激起自己的积极性，通过不断地付出，来获得自己的报酬。

案例陈述

C公司是工贸公司，工贸公司的销售直接影响效益，业务员的薪酬是基本工资加提成，其中提成的计算方式是销售金额×提成比例，比例是规定的6%。通常情况下，除了几个极其优秀的销售人员，其他销售人员收入相差不大，最后出现了业绩优秀的员工觉得收入与付出不匹配，觉得同行收入都比自己高很多，想跳槽；业绩一般的销售人员觉得大家收入都这样，适当努力即可，最后导致公司年度任务未完成，销售额远不如去年的销售额。针对这种情况，公司为了留住优秀业务员，激发一般业务员的拼搏精神，挖掘潜力，把团队打造成优秀的销售团队，重新对薪酬体系进行改进，具体如下。

薪酬方式：

薪酬＝底薪＋提成＋销售竞赛奖

原则：低底薪，高提成

底薪：浮动考核制度

为鼓励团队的超越式发展，提高内部竞争氛围，体现能者多劳多得的思想，销售代表的底薪实行季度浮动制度，明细如下。

A. 连续3个月销售/回款达到10万元，底薪为1 800元。

B. 连续3个月销售/回款达到13万元，底薪为2 000元。

C. 连续3个月销售/回款达到16万元，底薪为2 200元。

D. 连续3个月销售/回款达到20万元，底薪为2 500元。

E. 连续3个月销售/回款达到25万元，底薪为3 000元。

F. 连续 3 个月销售 / 回款达到 30 万元以上，底薪为 3 500 元。

并且特别规定，浮动底薪以一个季度为考核期，每季度浮动一次，可以上下浮动。月销售 / 回款 10 万元以下的代表底薪为 1 500 元，试用期代表底薪为 1 300 元。

经过薪酬体系设计，销售团队积极性大大提高，优秀人才全部留了下来，以前一团“和气”的团队变得像狼群一样，不断地开发出新客户和优质客户，队员的收入大大提高，且收入差距明显，导致队员在收入上面相互“嫉妒”，相互“攀比”，公司的业绩在上半年就超过去年一年。

在本案例中可以明显看出，按优化后的多劳多得薪酬体系，更能起到激励员工、开发其潜能的作用。因为销售额直接关系到浮动工资和提成比例，也就直接关系到员工收入。

在设计多劳多得的薪酬体系中，要考虑到每个级别员工是否能达到，如果员工全力以赴都不能达到，他们一定不会白费自己的努力，放弃也是自然的，也就违反了我们的初衷。

真诚赞美，队员心暖

卡耐基说过：“要改变人而不触犯或引起反感，那么，请称赞他们最微小的进步，并称赞每个进步。我们要让员工进步，激发其工作积极性和主动性，挖掘其潜力，就可以通过真诚的赞美来达到。”

不过，在带领团队时，管理员一定要做到真诚和由衷的赞美，不能虚假或浮夸，更不能无中生有。要把握这个尺寸，可按照如下几种方法。

（1）用事实说话

赞美员工时，一定要用事实说话，不能泛泛而谈，如“在上次的校准工作中，林某提出了由大到小、由主到次的建议，让校准工作得到很大的进展，为公司节省了时间和财力，真不愧是经验丰富的行家”。否则，员工可能不清楚自己好在什么地方、哪些是做得好的，这样只能给下属一种漫无边际或随口一说的感觉，赞美也起不到温暖人心的作用。更达不到激励员工的目的，甚至会让员工觉得领导虚伪，对员工不上心。

（2）要发自内心、真诚实意

真诚是我们做事的一个基础出发点，这样才能让人感觉到真实可靠。同样，在赞美员工时，也要发自内心的表达，这样才能更好地引起员工内心的亲切感和信任感，才会在以后的工作中更加积极地去执行各项工作。

（3）要适度

赞美员工一定要讲求适度和适中的原则，不能过分夸大，也不能过分保守。过大，员工明显感受到在“拍马屁”，心里不自在，其他员工也会出现反感；过小，员工会觉得付出不值得。要把握赞美员工的适度原则，可从下面几项作为参考。

◆ 一定要把握对象人数的适中，只是表扬那些值得表扬的人员，不能过多，也不能过少。过少则会出现应该被表扬的人没有被表扬，那么这部分人就会心冷，觉得付出是白费的。同样，过多则会让没有努力的人，觉得原来做不做好是一个样，就会产生钻空子的心态。

◆ 根据相关人员的能力、实际情况来决定表扬的尺度。若过高，则会让人望而生畏，感觉触摸不到，而失去执行的动力。若过低，则会让人觉得唾手可得，不用努力也行。

◆ 在一段时间内，员工的工作能力不断地上升，我们可以根据不同节点对其进行赞美，让其产生强烈的动力，继续努力。若多次反复对统一节点或阶段进行表扬，则会让人觉得乏味和不真实，从而导致执行力下降。

用具体文字赞美优秀员工

赞美员工除了口头表扬外，还有一种具体文字的赞美，也就是写在纸上的方式，最常见的就是赞美信和表扬信及一些赞美的长句。他们可以是公开的，也可以不公开直接给当事人。

在带领团队中赞美优秀员工的句子，常用的有如下一些，可用作参考。

1. 勤恳务实，善于学习，对本职工作兢兢业业，注重个人成长。

2. 工作成绩进步大，业绩发展迅速，或有效改进自己的工作方式，从而在工作中收到良好效果。

3. 悟性较强，能很快适应新的岗位，在新的业务区域可以立即开展工作。

4. 能随时根据工作需要调整工作方法和端正心态，不断反思自己，注重个人成长。

5. 能在业余时间精钻业务知识，提高工作能力。

6. 悟性高，工作认真勤奋，吃苦耐劳，进步很快，在新人中起到了榜样作用。

7. 平时积极向上，不仅配合度较好，而且平时工作表现也很努力，在工作时能以认真、仔细、负责的心态去做好自己的工作。

8. 工作热情高、人品端正、德行优良、自身修养较高及对待客户诚信。

9. 对待工作严谨，处处为公司考虑，能够虚心接受同事给予的建议并改正。

10. 学习进步较快、受到大多数客户的好评。

赞美优秀员工的文章包括表扬稿和赞美文章。其中表扬稿相对正式一些，包括五个部分，名头 / 标题、表扬对象、表扬内容、署名和日期，其大体格式如下。

（1）名头 / 标题

通常是默认的“表扬信”字样，位置在第一行正中。

（2）表扬对象

通常是优秀员工当事人或是相应的亲属，若是被表扬的当事人，格式为：在姓名之后加上“同志”“先生”等字样，后边加冒号。若是被表扬人的亲属，格式为：尊称 + 被表扬当事人 + 亲属称谓。比如尊敬的林某父母等，位置在标题下的第一行的开头顶格。若是公开的表扬信，也可省略。

（3）表扬内容

表扬内容也就是正文，主要包括三个方面：为什么表扬（原因），表扬他什么（经过），向他学习什么（表扬目的）；位置在表扬对象下一行并空两格。

（4）署名

通常是公司或部门，也可以是领导个人。位置通常在正文下方一行的右下角。

（5）日期

日期是表扬信编写完成的当前日期。其位置通常在署名下方一行的右下角。

下面这则公开的优秀员工的表扬信供大家作为参照。

案例陈述

表扬信

亲爱的李某同事：

在除夕期间，多亏了李某这位优秀员工负责的工作态度，才帮助我们踏踏实实地度过除夕。

除夕，外面下着暴雪，刮起了狂风！因此导致我们基站停止工作，无法及时供应电力。这时，多亏了公司的这位优秀员工，他自愿进入基站进行工作抢救。这期间，可想他的艰辛！在排除故障之后，天气依然恶劣，为了保证基站的正常运行，仍然坚守在机房前线，他还帮助局方排查机房故障的原因。这种为人奉献的精神，值得我们每个人去学习！

为表彰员工在各自的工作岗位上兢兢业业，团结、积极为公司的发展做出的努力，公司决定予以嘉奖，并通报表扬！号召全体员工以他们为榜样，不断地提升自己，为公司的长远发展做出自己的贡献。

××科技

2016-3-10

若是表扬或赞美优秀员工的文章，也就是表扬稿，只需有正文部分，不用像表扬信那样，有表扬对象、署名和日期。如下面这则表扬稿。

案例陈述

在担当中成长

在与林某的交流中，她给我印象最深的，是责任。这种责任就是对工作的真诚和耐心，真正为公司发展着想。

负责区域零售助理工作的林某，需要统筹市场线条预算管理及资源投放工作，做好促销资源的预测、需求上报，落实辖区内所有渠道促销资源的使用、监控等落地管理。工作中她是一个“调度大师”，要针对不同的需求做好相应的配置。每一次调配，林某都要对需求进行分析，根据市场需求做出最“接地气”的响应。有时就一次看似简单的物料发放，她要与促销团队反复地沟通十几次。

辛苦自不必言，不过林某认为这些都是职责所在，所以都抱着“做好本职工作”的心态去认真完成每一项工作。看到一线销售顺利进行，看到公司日益壮大，她的喜悦总是洋溢在脸上。

林某说，在工作中，态度最重要，只有每个人都尽职尽责，勇于担当，公司才能更好更快地发展。

值得注意的是，在写表扬稿时要注意如下三点要求：

1. 被表扬的事要具有先进性和普遍的教育意义，但不能要求过高。

2. 写表扬稿，特别是表扬稿是为了表扬先进，树立新的道德风尚，因此被表扬的事一定要真实，绝不能虚构编造，也不能夸大或缩小事实，否则不仅起不到表扬和学习的作用，甚至会造成不良影响。

3. 叙事要具体、清楚、明白，语言要简明扼要，对好人好事的评价要适当，注意应和写记叙文区别开来。

职场女性可以这样赞美

我们带领的团队中不仅仅有男性下属，还有女性下属。对于女性下属赞美，需要一定讲究。因为她们具有知识女性的睿智与浪漫、居家女性的温柔与贤良、事业女性的爽朗与干练。

所以在赞美女人时要注意观察，恰当适宜地加以称赞。如美丽动人的地方，身材苗条、眉目含情、穿着得体、气质优雅等，需要细心观察，善于发现。不过，在经验的积累下，赞美女性有如下几条惯例。

1. 对于容貌绝佳者，她已习惯了别人的赞美，这时用一些新颖的方式赞美，如用好的比喻去赞美她等。

2. 对于容貌稍逊的女性，可从她的气质、能力或者性格方面着手找到赞美点。这时若不动脑筋地夸其漂亮，很大可能引起反感。

3. 对于普通的女性，可赞美她身上具有的美和气质，因为她们最渴望被人肯定。

下面是一些赞美职场女性的语句，可进行参照和改动。

个性稳重、具高度责任感。

上进心强，为人可靠，身体健康，性格开朗、头脑积极、灵活。

举止优雅、性格好。

很有气质，有内涵，不爱讲话更显得文静，是大家眼中的才女。

你的眼睛水灵灵的，充满着智慧。

你的目光一看便知道你是一个敏感的人。

你的身材很适合你的发型，很精干。

竞争和危机激励

在团队中竞争和危机是让员工“活起来”“动起来”和“跑起来”的契机，能够不断地促进员工爆发出更多的激情和力量，从而保证自身的生存和发展。正如一句名言所说的：动物群里没有了其他对手和危机就会变得死气沉沉，加速了死亡的步伐。同样，作为高级动物的人类如果没有了竞争和危机，自然也会甘于平庸，养成惰性，最终庸碌无为。

倡导“劳动竞赛”，让员工之间主动展开竞争

在这个时代，没有人会等着被吞并、被替代、被淘汰。拥有一个强劲的对手，有时候反倒是一种福分，一种造化。要知道正是这种强劲的对手，才让我们有危机感，从而激起我们更加旺盛的精神和斗志。因此，在带领团队中，管理者要知道如何在员工之间培养对手，让他们感受到“危机”，时刻可能被赶超、被替代、被吞没。

要在员工之间或小团队营造危机感，培养他们的对手，较为有效的方

式就是通过“劳动竞赛”，这种竞赛可以是工作效率、速度、质量、业绩等方面，以激发相互追赶的意识。

下面是一企业制定和实施的劳动竞赛活动的具体办法和奖励方案。

案例陈述

一、劳动竞赛活动的具体办法。

1. 对产量、质量、物耗、设备、检验、技术、销售、物资等生产经营指标能够量化的部门，将本部门承担的具体生产任务作为劳动竞赛的主要内容，具体指标数值以计划部下达的月度指标为准。

2. 安全环保、定置管理、物耗、成本作为全公司各部门（工段）共有的劳动竞赛指标。

3. 本次劳动竞赛指标，重点是突出各部门在完成 1 100 吨生产任务和与完成 1 100 吨任务有紧密关联的重要工作。各部门日常工作不作为劳动竞赛内容。

4. 多晶硅产量、质量、物耗、成本的竞赛指标由计划发展部提供月计划作为依据。

5. 各部门（工段）劳动竞赛内容指标。

二、劳动竞赛活动的评比办法

1. 生产经营指标。

（1）产量指标。以计划发展部每月下达指标为准，完成下达计划指标得满分。若实际完成指标低于计划指标 10% 不得分；低于 10% 以内的，每低于 1%，扣减 1 分。若实际完成指标高于计划指标，每高于 1%，增加 1 分。

（2）产品质量。设立方向性指标（电子级）和考核性指标（太阳能级），①多晶硅产品质量合格率为100%，相关责任部门该项得满分另加10分。②合格率在90%～99%之间，差一个百分点扣1分。③合格率<90%该项分扣完。

2. 重点工作。按时按质完成重点工作得满分。若实际完成时间超出规定期限5天以上不得分，超出时间5天以内，每超出1天扣2分。若提前1天，加1分，最多加5分。

3. 劳动竞赛指标完成情况实行月统计、季评比。

4. 此次劳动竞赛活动根据部门性质分为两个竞赛区域。生产经营指标能够量化的部门（工段）为一个区域进行劳动竞赛；承担重点工作的其他部门为一个区域进行劳动竞赛。每个区域分别评选前两名，授予“红旗集体”“优胜集体”的称号。

三、劳动竞赛活动的奖励办法

1. 获得“红旗集体”“优胜集体”称号的部门（工段）将作为以后评选公司“先进集体”“先进中层干部”的重要参考依据或者推荐对象。

2. 公司设置劳动竞赛专项奖励基金。奖金来源：由公司自有资金列出专项作为奖励基金。

3. 劳动竞赛获得“红旗集体”或者“优胜集体”的部门（工段），即完成当季度公司下达的生产经营指标或重点工作任务，且未发生重大人身、环保、设备等事故的，部门人均每季度奖励2 000元。单位部门负责人、工段长、助理工段长、助理调度，奖励标准为3 000元、2 600元、2 400元、2 200元。

需要注意的是，在团队之间形成竞争意识和氛围，一定要是良性竞争，避免恶意竞争。良性竞争会给团队带来不尽的生命力和极好的效益，所有的员工都积极向上，对未来充满信心，员工之间友善和睦。当看到别人长处就会羡慕，就会让自己努力工作、刻苦学习，争取赶超对方，实现人员的充分利用、员工能力的充分发挥。反之，与之对应的就是恶性竞争，导致员工彼此嫉恨、猜疑，不择手段。不仅对个人的成长没有好处，更使团队的整体利益遭受可怕的损失。

在带领团队中，管理人员一定要建立良性竞赛或竞争的游戏规则和制度，避免出现恶性竞争，同时对恶性竞争进行积极引导，使其变成良性竞争。

能者上，庸者下

团队的发展，关键在人。用一个能干事、可干事、会干事的员工，就会激励更多的人积极工作。相反，用一个不会做事、不愿做事、不能做事的员工，就会冷落全部做事的员工。所以，能者上，庸者下就显得特别重要。

不过能者或庸者的鉴定，一般情况下是由决策者来决定，这就容易出现一种“说你行，你就行，不行也行；说不行，就不行，行也不行”的局面。同时能者和庸者不是固定不变的，业精于勤毁于随。

那么，怎样解决这种难题，可采用竞争上岗的方法，让更多对上面的职位“虎视眈眈”的有机会参与，培养岗位竞争者，同时为了避免恶性竞争，配以业绩考核制度，让大家以成绩来证实自己的实力，真正做到能者上，庸者下。如下面这段部分人员晋升制度就保证了能者上的用人理念。

案例陈述

公司员工晋升制度

一、目的

为了提升员工个人素质和能力，充分调动全体员工的主动性和积极性，并在公司内部营造公平、公正、公开的竞争机制，规范公司员工的晋升、晋级工作流程，特制定本制度。

二、适用范围

公司全体员工。

三、权责

车间班组长负责对下属人员的晋升提议，主管负责考核，总经理最终审定。

部门主管负责对班组长的晋升提议，总经理负责考核和审定。

四、内容及程序

员工晋升原则

1. 公司员工晋升，必须符合公司的发展需要。

2. 公司内部出现职位空缺时，首先考虑公司内部员工。

3. 公司内部员工晋升，有利于提高员工的综合素质，做到量才适用，有利于增强员工的凝聚力和归属感，减少员工流动率。

4. 管理层的晋升必须建立在考核结果的基础上，遵循有利于提高其综合素质的原则，着重培养管理人员的综合管理能力。

从人员晋升制度中可以明显看到，保证公平的良性竞争的目的是调动员工的积极性。在第 4 条中可以看出，有具体晋升考核方法。所以，这是一个具有实用性和可操作性的制度方案，在执行过程中“有法可依”。

适时招募新员工，能给企业引入外来竞争激励

团队就像是一池子水，时间一久就容易成为“死水”，员工容易被团队文化同化，他们既看不出团队有待改进之处，也没有进行改革和自我提高意识，整个组织缺乏竞争意识和氛围。这时可通过招募新员工，引进外来竞争。

招聘新员工如同引进“新鲜的水”到团队这个“池子”中，带来新理念和新技术。对现有团队文化有一种崭新的认识，产生“鲶鱼效应”。在无形中给组织原有员工施加压力，激发他们的斗志和潜力。

实时从外部招募新员工，有以下三个优点。

1. 有利于招到合适或优秀人才，有很大的选择余地，特别是某些稀缺的复合型人才相对容易引进。

2. 可以缓解或避免内部竞争，避免了组织成员间的不团结。由于空缺职位有限，团队内可能有几个候选人，他们之间的不良竞争可能导致钩心斗角、相互拆台等问题发生。

3. 带来新理念和新技术，同时，在团队内部形成一定“压力”，激发队员们的生存危机，激发他们积极性、主动性和干劲，避免被引进的“鲶鱼”吃掉。

通过外部招聘引进人才来激发团队内部的斗志，则要保持适度这一原则，这不仅因为招聘员工需要资金的投入，而且还要考虑到内部员工的想法，若招聘过度，就会出现“外来的女婿赶走儿子”现象，造成人才流失，内部矛盾加剧，特别是一些重要岗位，若总是通过外部招聘，而没有让内部人员有晋升的机会，则会让内部人员失去上进心，没有努力方向和动力，反而失去了最初激励员工的目的。

适时制造危机，消除队员惰性

生于忧患，死于安乐。这是我们常听到的一句至理名言。在带领团队中亦是如此，要整个团队有生机、有激情、有创造力，就需要适时的营造一种危机感，消除队员的惰性，感受到工作持有的危机，而不是铁饭碗。

怎样来营造危机呢？大体上可遵循下面几点主张。

1. 将目前的危机状况告知全体员工或指定员工，让其产生一种大难临头的危机感。

2. 告知员工只有团队一直努力、拼死一搏，才能获得胜利，才能度过当前危机。

3. 寻找危机突破口，也就是让员工知道怎样努力，把“火力”集中在哪里？让他们知道方向和目的，做到目标明确，力量集中。

当然这种危机感，一方面是管理人员根据一定情况树立的；另一方面是确实面对危机，将这种危机感传递给员工。无论哪种都是激发员工的斗志和干劲。如下面这则是公司将外部确有的危机转换为公司内部的危机，激发员工的斗志和创新意识的案例。

案例陈述

20世纪70年代，出现了石油危机，由此而引发了全球性的经济大萧条，日本的日立公司身陷其中。公司首次出现了严重亏损，困难重重。

为了扭转这种颓势，日本日立公司做出了一项惊人的人事管理决策。1974年下半年，全公司所属工厂2/3的员工共67.5万名暂时离厂回家待命，公司发给每个员工原工资的

1/7 ~ 1/8 作为生活费。

这项决策对日本日立公司来说，是一项人事管理的权宜之计，它虽然节省不了什么经费开支，但它可以使员工产生一种危机感，产生一种忧患意识。

1975 年 1 月，日本日立公司又将这项决策实施到 4 000 多名管理干部头上，对他们实行了幅度更大的削减工资措施，从而使他们也产生了忧患意识。同年 4 月，日立公司又将所录用的工人上班时间推迟了 20 天，促使新员工一进入公司便产生了忧患意识，产生一种危机感和紧迫感。这样做同时也让其他老员工加深了忧患意识。

日立公司采取了上述一系列管理措施之后，全公司包括新老员工都开始更加奋发地努力工作，都绞尽脑汁为公司的振兴出谋划策。就这样，在忧患意识的鼓舞下，全体员工共同努力，公司取得了十分令人满意的业绩。1975 年 3 月，日立公司的结算利润只有 187 亿日元，比 1974 年同期减少了 1/3。而实施忧患意识管理之后，仅仅过了半年，它的结算利润便翻了一番，达到了 300 多亿日元。

在本案例中，日立公司面对全球危机时，将这种危机转换到全体员工身上，甚至是还未正式上班的员工身上，让他们感受到危机，从而激发他们的干劲和斗志，都绞尽脑汁为公司的振兴出谋划策，将企业 1794 年的亏损扭转为盈利，甚至还出现了 1975 年半年利润翻一番的惊人成绩。

良性压力，赶着队员进步

俗话说：没有动力就没有压力，事实确实如此，如果员工长期处于没有压力的状态下，必然会出现惰性大发，成天懒散、轻浮，进而会影响整个部门的效率、干劲和积极性。这时适当地给员工压力，给他们担子，让他们去挑战自己、超越自己。这样他们积极主动的开动脑筋，挖掘自身潜力，施展才华，将他们的能力挖掘出来。

怎样来给员工适当的压力，让其进步呢？最为常见的就是安排一些超出能力的任务或目标，如指定销售业绩，开发多少新客户，完成多少生产量等，只要这些任务或目标超出其平时展示的最大能力即可。

当然，需要注意的是，这种压力不能过大，完全超出其能力，这样只会将其压垮，打击其积极性。给压力的目的是让员工从内部产生动力和激情，从而超越现有的自己，提高工作能力和业务水平。

在给员工压力时，要观察这个压力是否超出员工的承受能力，其中最直接的方法是通过观察和结果。观察主要是看员工的工作情绪，若是员工突然出现责骂同事或下属，并对自己有敌意，则可视为压力给予过大，超出其承受能力。

结果主要是看员工是否能完成给予的目标任务。同时，观察其是否在满负荷工作的情况下工作，是否给他们增加额外的工作。若能按时按质量完成并没有出现满负荷工作的情况，则压力过小，可适当加大。反之，压力过大，应该适当减轻压力。

若是自己不能直接观察到，且不具备良好的沟通渠道、环境或时间，可以通过一些常用的压力测试题来测评。如下面这则压力测试问卷就可以作为借鉴。

案例陈述

测试导语：

本测试共 20 题，由一系列的疑问句组成，请在仔细阅读后作答，如果你认为与你的情况相符，就在括号内打“√”

反之，则打“×”。

开始测试：

1. 你的工作效率降低了吗？（ ）

2. 在工作上，你的进取心降低了吗？（ ）

3. 你已对工作失去兴趣了吗？（ ）

4. 工作压力比以前大了吗？（ ）

5. 你感到疲惫或虚弱吗？（ ）

6. 你头痛吗？（ ）

7. 你有胃痛吗？（ ）

8. 你最近体重减轻了吗？（ ）

9. 你睡眠有问题吗？（ ）

10. 你会感到呼吸短促吗？（ ）

11. 你的心情经常改变或沮丧吗？（ ）

12. 你很容易就生气吗？（ ）

13. 你常有挫折感吗？（ ）

14. 你比以前更会疑神疑鬼？（ ）

15. 你比以前更觉得无助了？（ ）

16. 你使用太多药物来改变你的情绪吗？（ ）

计分评估：

如果有10~15题回答“√”，压力已经濒临警戒线了。如果有15题以上是“√”则是压力完全过大。

事业激励

事业心是大多数员工都具有的情怀，因为它在一定程度上能证明自己的能力和价值，并发挥主观能动性来积极实现事业心。鉴于此，管理人员可用事业来激励员工，来激发他们的热情和潜力，作为工作原动力，让他们的行动快速有效地执行起来。正如老一辈无产阶级革命家王若飞所说的“热情，像熊熊的火焰，是一切的原动力，有了伟大的热情，才有伟大的行动”。

给员工“安心丸”，使员工相信企业光明的前途

员工加入团队时，我们会通过各种措施让其产生主人翁的意识，将自己视为团队的一分子，融合于团队中，将个人前途与团队前途很大程度上绑在一起，团队的发展作为个人的进步，团队的光荣个人也会觉得自豪。因此，要激励员工努力工作，不断开创，需让员工觉得企业有光明的前途，让他们安心、放心和尽心。

怎样来让员工觉得企业有光明的前途，可以从以下几个方面来着手。

（1）规划蓝图

好的团队领导，需要有一定的“造梦”能力，为员工描绘美好的未来，把自己的梦想分享给他们，让员工对企业的未来充满希望，激发他们的工作热情和斗志。

这点在很多著名企业家身上都有体现，如日本的经营之神松下幸之助的重要经营谋略之一，就是不断提出新的发展目标和宏伟蓝图，常找机会向员工畅谈自己对未来的设想，让员工对未来充满梦想，觉得企业有光明的前景。

其中，最为著名的一次是 1955 年他宣布了自己的“5 年计划”，计划用 5 年的时间，使松下电器公司的效益从 220 亿元增加至 800 亿元，他承诺，如果能够实现这一计划，那么员工将享受与西方发达国家相等的薪资劳动条件，这让员工们干劲十足，士气大振，抱着与公司一起发展的心态来奋斗。

（2）将大目标化小

对于一些大的团队目标，我们可以将其分解成很多小目标，让员工感觉到有目标，也让员工觉得有方向感和目标感，迸发出更多的工作热情和积极性，最终完成大目标。这样的团队，员工当然会觉得它会有光明的前途，因为它的管理人员善于给人方向和目标，能很好地统一员工的目标、方向和步伐。

（3）为员工职业规划

绝大部分员工都不甘于平庸，不甘于原地踏步，希望自己的生活更加丰富多彩，职业道路更加光明。因此，若团队能为员工个人进行职业规划，让其觉得有前途和希望，员工会很自然地觉得这个企业有光明的前景，从而更加努力工作，积极开拓。

（4）员工培训

现在信息化时代知识更新很快，技术不断升级更新。为了让员工掌握最有效的业务能力和工作技能，企业可定期或不定期对员工进行培训，将他们打造成学习型的队伍，促进企业生产效率、技能和技巧的不断提升。让整个企业在人才管理、开发和应用方面都有不断地提升，结构更加优化合理，不断地升级。这样的企业，员工当然会觉得很有前途。

完善员工福利，减少员工烦忧

福利是调动员工积极性的重要措施之一，也是员工较为关心的问题之一，因为它直接影响到员工的生活水平和质量，也是员工加入团队的最直接原因之一。好的福利能让员工减少后顾之忧，不用过多担心一些生活上的问题，从而在工作上全身心投入。同时因为享受到好的福利待遇，会觉得团队是一个好团队，值得依赖，值得付出。

在哪些方面可以让福利更加完善，可以从如下几个方面着手。

1. 福利不能是平均主义，需按照个人的贡献和能力来进行多少的评定。

2. 福利项目最大限度考虑到员工的需要，优先考虑员工迫切的需要。

3. 福利与企业的实际效益挂钩，公司效益增长福利也就同样增长，员工也会更加有干劲，觉得以前的付出有回报，在工作中也会更加努力和更多的付出。

4. 设计弹性福利，可以简单将其理解为组合型福利或可选择性福利，让员工对福利的选择更加灵活多样，更加符合他们的实际需要。一般的弹性福利有四种设计方法，如图 8-2 所示。

1 每个员工都可以享受的福利+可以随意选择的福利项目。

2 员工可以在企业推出多种固定的“福利组合”任选其一。

3 员工可以选择降低其薪水来获得福利。

4 员工可以通过放弃或降低其税前奖金的方式来获得福利。

图 8-2

庆功会上，给员工特殊的荣誉

庆功会，顾名思义是庆祝成功的大会，是一个团队为了总结前一段时间工作经验和成绩，寻找不足，表彰、鼓励先进，更好地开展下一步全面工作而进行的一项活动。团队中绝大多数人员将会参加，它在员工中的地位非常高。因此，在庆功会上表彰立功和特殊贡献的人员或团队，给予他们特殊的荣誉，会让他们的工作积极性更高，更愿意站在团队的角度看待问题，并长期保持一种继续奋发向上和多做贡献的心态，在工作中也会表现出良好的员工形象。

同时，其他没有受到表彰或特殊荣誉的员工，心里也会产生羡慕或学习的心理，会在未来的工作中更加发挥积极主动性，开动脑筋，下大力气，不断地超越自己，提高业务能力，来追赶或超越那些受到表彰的人员。

案例陈述

美国 IBM 公司每年都要举行一次规模隆重的庆功会，对那些在一年中做出过突出贡献的销售人员进行表彰。这种活动常常是在风光旖旎的地方，如百慕大或马霍卡岛等地进行。对3%做出了突出贡献的人所进行的表彰，被称作“金环庆典”。在庆典中，IBM公司的最高层管理人员始终在场，并主持盛大、庄重的颁奖酒宴，然后放映由公司制作的表彰那些做出了突出贡献的销售人员工作情况、家庭生活，乃至业余爱好的影片。在被邀请参加庆典的人中，不仅有股东代表、工人代表、社会名流，还有那些做出了突出贡献的销售人员的家属和亲友。整个庆典活动，自始至终都被录制成电视或影片，然后被拿到IBM公司的每一个单位去放映。

在案例中，IMB的庆功会非常盛大，而且规格非常高的企业庆功会，不仅有公司高管，还有社会名流，让整个庆功会的地位和规格增加不少。更重要的是对那些突出贡献的销售人员进行表彰，播放与他们相关的影片，并拿到每一单位播放。给受到表彰人员莫大的荣誉。使企业员工的积极性更高，接受表扬者会产生一种继续奋发向上，为企业做更多贡献的决心。同时也会鼓励更多的员工努力工作。

做到“人尽其才”，让员工做他想做、能做的工作

团队中很多人都会觉得自己是“千里马”，可惜遇不到“伯乐”，有一种强烈的怀才不遇的心态。可以听出来这些抱怨基本上出自于那些觉得自己没有施展才华的机会的员工。

鉴于此，在带领团队中，要做到“人尽其才”，让员工做他想做、能做的工作。不仅要给真正有才的人以机会“大展手脚”，同时也需要给那些自认为是能人的人以机会，也就是俗话说的:“是骡子是马拉出来遛遛，”让其尽量展示。此时真正的能人能突显其能力，而那些所谓的能人，也会客观地知道自己的不足，从而更加愿意去做一些能做的事，更加服从团队的人事安排。

当然，对于一些员工表现出强烈愿望要做的事或岗位，也可以遂其所愿，因为喜欢所以追求，他们在自己喜欢的岗位上也会更加努力。若是他们仍然不能胜任其岗位，则可将他们安排在能力相匹配的岗位上，此时他们也不会有怨言，从而踏实工作。如下面的“鄙人索马”故事就体现了这个道理。

案例陈述

孔子有72位非常有名的弟子，也就是我们常听到的72贤人，子贡（以能言善辩著称）就是其中一位。有一次孔子东游，马脱缰失去了束缚，吃了农夫的庄稼，农夫把马扣留了，子贡自动请求去说服那农民，取回马儿。孔子就顺着子贡的请求，让他去试一试，结果子贡将所有道理都给农夫讲了，农夫觉得子贡迂腐，不明白事理，没有将马儿归还，子贡沮丧而归。

孔子说：“用别人听不懂的道理去说服他，就好比请野兽享用太牢，请飞鸟聆听九韶一样，这是我的不对，并非农人的过错。”于是再派马夫前去。

马夫对农夫说：“你从未离家到东海之滨耕作，我也不曾到过西方来，但两地的庄稼却长得一个模样，马儿怎知那是你的庄稼不该偷吃呢？”那农夫听后觉得很有道理，就将马还给了他。

在上面的例子中，我们看出孔子用人之道，子贡是贤人，当然也就是能人，先按照他的请求让他要回马儿，给他机会。没有要回之后，再让马夫去要马儿，这样子贡就会心服口服，若先让马夫去要回马儿，而忽视子贡的请求，这会让子贡不服。

其他激励方式

除了前面讲解的激励方式外，还有其他的一些激励方式，如榜样、头衔、情感等激励。管理人员可将这些激励方式收集到自己的“工具箱”中，方便自己根据实际情况来做出最适合和最实用的激励员工方式，让他们自愿地努力工作，积极工作，奋发工作。

设立模范员工，树立榜样人物

模范员工、标杆、榜样、新进个人等都是对那些个人或团队努力工作、勤奋踏实、成绩突出、表现优异的肯定，让他们成为其他员工学习的榜样，看齐的标准，努力的方向。这对作为榜样、标杆、模范的当事员工而言，无疑是巨大的鼓励和鞭策，是对其过去工作的肯定和赞扬。更加促进其努力工作，积极主动，带着团队对其的希望尽心尽力，在很多时候会从团队的出发点来看待事务。

设立模范员工，树立榜样人物不仅对个人有着激励作用，对其他员工和团队也起着如下这些激励效果。

- ◆ 快速和持续提升业绩，有效提升员工士气。
- ◆ 通过比较找差距、树目标，激发员工斗志。
- ◆ 促进员工不断创新，不断赶超，实现卓越。
- ◆ 快速提升员工的能力与绩效。
- ◆ 持续提升员工和团队业绩与竞争力。
- ◆ 促使团队成员保持良好的精神状态。

为了更好地发挥榜样和模范作用，在树立榜样或模范时，管理人员需要注意以下事项。

1. 最好以员工周围的人作为榜样，因为这样更容易让其他员工认可和接受，也能更好地增加赶超榜样的信心。

2. 设置榜样或模范，能力不能太高或太超群，以至于员工需要通过较长时间或很大努力才能做到，甚至是其他员工不能达到，这会让员工失去动力，反而没起到最初的激励作用。

3. 把员工的某一具体能力或长处设置为学习的榜样，让其他员工知道具体学习的方向。

值得注意的是，在团队树立榜样模范人物，必须保证公平、公正和公开的原则。其中有两大关键步骤。

- ◆ **第一步：**按照榜样、模范或标杆的评选机制，进行公平、公开、公正的选取。让大家心里真正信服。
- ◆ **第二步：**在团队中公开表彰被评选为榜样、模范或标杆的人员，并号召大家向他学习。

头衔的妙用

头衔是大多数人都希望得到的，并不断地为之努力，有时还不得不参与到竞争中。为什么会这样呢？满足其虚荣心，还是需要得到团队成员的认可，其实都有。作为管理人员可将其作为激励队员的方式，让其感觉到自己是某方面的专业人士，自己的价值得到认可和认同，起到激励的作用，让其更加愿意为自己的头衔努力工作，积极投入。

在团队中头衔没有具体的标准，也没有统一的规范名称，只要能让员工觉得有荣誉感就可以。在团队中一般有这样一些常见的头衔：销售明星、服务之星、技术能手、优秀技师、优秀干部、销售精英、先进个人、红旗手及金牌技师等。

一些头衔是团队人为打造的，如美国的 IBM 公司，就有一个“百分之百俱乐部”荣誉头衔。当公司员工完成其年度任务，他就被批准为该俱乐部会员，他将和他的家人被邀请参加隆重的聚会。于是公司的员工都将获得“百分之百俱乐部”会员资格作为目标，为的是获得那份荣耀。

在团队中应用头衔来激励员工，可结合如下几点来让其效果更加显著。

1. 头衔与实物结合，也就是在给予员工头衔时，给予相应的承载媒介。如发证书、聘书、奖杯，将其名字载入荣誉墙和企业年鉴，以员工的名字命名某项事物等。

2. 头衔与权责结合，也就是赋予员工头衔时，授予对应的责任和权利，如薪酬、权限等。否则，就是一个“纸帽子”，员工会感觉很虚，会很“受伤”，这会让那些事业心重的员工感到失望，甚至是懊恼，这也失去了激励员工的初衷。

3. 设置一些可以用指标来衡量的头衔，如技师头衔、服务头衔等，并鼓励其他员工去获得这些头衔。

管理人员需要注意的是，头衔不等于贴标签。头衔赋予荣誉感的称号，而标签却常具有区别性，且是以负面情绪居多。在员工管理中尽量少用或不用贴标签的负面“激励”方式。

关怀激励

关怀激励是从人性的角度出发，本着温暖人心、抚慰心灵的目的，让员工从某种不利于正常工作的情绪中走出来，让他们感受到管理人员的人文情怀，感到被关心、被重视，不是被忽视的对象，从而受到激励，努力工作，开动脑筋，点燃工作的激情。

管理人员对员工的关怀激励范围很广，内容很多，下面列举一些常用的方法。

- 在员工生日的时候，送上祝贺卡片或电话、短信问候。
- 员工生病住院时，对其进行看望慰问，若工作繁重没有空闲，电话进行慰问，并表示不能前去看望的真实原因。
- 在员工不安时，如失去亲人、伴侣、情侣等，对其进行关心、安慰和同情，同时给予一段时间让其从痛苦中走出来，这时千万不要对其进行训斥，这样容易导致员工离职。
- 在员工悲伤时，如疾病、挫折、孤独等，及时查明造成悲伤的原因，并努力找出解决方法，及时采取措施。
- 可以帮助解决员工成家、孩子教育、落户等。

无论是哪种关怀激励方法，都必须有一颗真诚的心，做到急员工之所急。如下面这个案例是典型人文关怀激励——日立公司内的“婚姻介绍所”。

案例陈述

日立公司内就设立了一个专门为员工架设"鹊桥"的"婚姻介绍所"。一个新员工进入公司，可以把自己的学历、爱好、家庭背景、身高、体重等资料输入"鹊桥"电脑网络。当某名员工递上求偶申请书，他（她）便有权调阅电脑档案，申请者可以利用休息日仔细地翻阅这些档案，直到找到满意的对象为止。一旦他被选中，联系人会将挑选方的一切资料寄给被选方，被选方如果同意见面，公司就安排双方约见。约见后双方都必须向联系人报告对对方的看法。

日立公司人力资源部门的管理人员说："由于日本人工作紧张，职员很少有时间寻找合适的生活伴侣。我们很乐意为他们帮这个忙。另一方面，这样做还能起到稳定员工、增强企业凝聚力和激励员工为企业死心塌地努力工作的目的。"

参与激励

参与激励可简单理解为让员工参与到团队中，包括自己的知识、技能、目标等。团队根据他们的个人条件进行岗位的安排，任务的分配及技能技术的培养。甚至一些企业还让员工以代表的身份参与到企业的重要管理中，让他们感觉获得更多的个人成就，感觉到被尊重，从而激发出更多的个人责任感和主人翁意识，把自己的知识、技能和经验全身心地带到工作中，并不断地丰富知识和技能，自愿地为团队服务。

在管理中怎样来应用参与激励方法，可参照如下方法。

1. 让每位员工写一份个人发展计划，简明扼要地阐述自己在未来一年中要达到什么目标，有什么需求，希望得到什么帮助，并对上一年的计划进行总结。这样管理人员就可以知道员工需要什么，需要什么帮助，从而对症下药，做好相应的准备和对应措施。

2. 定期对员工进行调查，主要是调查员工对于团队各方面的意见和看法及建议等，让员工普遍参与到团队的事务中，从而调动他们参与的积极性和工作激情。

3. 定期举行一些茶话会或座谈会等，听听或征求员工的意见，让他们对拟定的事务进行自由发表意见，并形成主流意见或统一意见。

4. 不定时地召开各类研讨会或听证会，让员工参与到团队的重大决策、管理中，并让员工组成小组进行深入讨论并最终得到同样意见或解决方法。这样做能充分让员工参与到团队中，真正地融入团队中。即使一些讨论没有结果，甚至一些员工没有发表意见或看法，但他们在心理上也会感受到被重视，从而处处为团队事务着想，起到激励作用。

5. 时常随机找个别员工进行谈话，谈话内容可以是开放式的，可以是工作方面，也可以是人际关系方面，也可以是管理方面。只要能让他们围绕着与工作方面有关事情畅所欲言，或者是抱怨管理人员，或是对待遇等发牢骚都可以。

6. 如果条件允许，可设置一些委员会，如工会，由团队中的非管理人员组成。而且这个委员会有权参与员工的权利维护、公司重要事务的决策中，如在德国企业里，由普通员工选举的代表组成工厂委员会，委员会定期与雇主举行联合会议，并与董事会共同决策一些管理事宜，同时，还帮助员工维权。

案例陈述

“动脑筋创新”制度

20世纪50年代，日本丰田公司实施了一项被称为“动脑筋创新”的建议制度。

该公司首先设立动脑筋创新委员会，制定了建议规章、奖励办法等。然后在各车间设置建议箱，成立“动脑筋创新”小组，组长对提建议的员工进行有计划的帮助，使员工可以自由、轻松、愉快地提出建议，然后在各部门分别设立建议委员会，把鼓励提建议的方针贯彻到公司的各个角落。

为鼓励员工积极提建议，丰田公司将提建议制度与奖励制度紧密相联，其审核标准分为有形效果、无形效果、利用程度、独创性、构想性、努力程度、职务减分等7个项目，每个项目以5~20分的评分等级来评定分数，满分为100分。相应的奖金最高为20万日元，最低为50日元，对于特别优秀的建议，则给予特别的奖励。

“动脑筋创新”建议制度在丰田公司实施仅一年，就征集了183条建议。至20世纪70年代后，每年收集到的建议达5万余条，大大调动了员工的工作热情，为丰田的发展提供了源源不断的动力。

第 9 章 ○ 巧用绩效考核把庸才变干将

管理人员的职责就是发现人才、培养人才和善用人才，同时将普通员工变成干将，让他们把更多热情、能力和精力投入工作中。怎样做到这一点呢？绩效考核。本章中，我们将介绍一些实用有效的绩效考核方法和技巧，帮助管理人员们，把下属都变成狼一样的队员。

业绩的完成方法

制定业绩和分配任务往往相对容易，但员工按要求完成业绩却不容易，特别是一些新手或能力不高的员工，就需要讲究方法和技巧。作为管理人员，需要掌握这些方法和技巧。

定好目标精确到个人，别让团队整天瞎忙

团队目标的完成源于队员对目标精确执行，这就意味着团队目标必须精确落实到员工个人身上，避免让队员无所事事乱作一团。怎样对团队目标进行分解呢？下面这两种方法可以采用。

（1）由上到下分解

由上到下分解是指管理人员将团队目标分解后，直接通过命令、指示、计划的形式告知员工。这种分解方式较为常见和常用，不过要求管理人员足够了解员工的能力及相应的限制条件。不然容易造成因为客观条件或人

为因素，即在目标分配时双方对目标的理解错误或人员传达错误，导致目标不能落实。有时，也会出现分配的任务或目标不符合员工个人意愿，导致其工作积极性下降，热情受到打击。

（2）参与式分解

参与式分解是让员工参与到总体目标的分解过程中，对目标的落实进行充分的商谈或讨论，取一致性意见。这种协商容易使目标落到实处，也利于调动员工的积极性。

无论是采取哪种目标分解方式，都需要遵循如下原则。

1. 目标分解应按整分合原则进行，将总体目标分解为不同层次、不同部门的分目标，各个分目标的综合又体现总体目标，从而保证总体目标的实现。

2. 分目标要保持与总体目标方向一致，内容上下要贯通，以保证总体目标的实现。

3. 目标分解必须做到具体问题具体分析，如个人能力强的分解目标大一些，个人综合能力弱的少分配一些或将困难系数低一些的任务分配给他。同时，还要综合考虑到其他的客观条件，如生产设备、环境、财力、物力等。

4. 各分目标之间在内容与时间上要协调、平衡，并能同步发展，不影响总体目标的实现。

5. 各分目标的表达也要简明、扼要、明确，有具体的目标值和完成的时限要求。

6. 一些销售目标总和须小于各个分解目标的总和，保证目标的按时完成。通常的做法是将总目标乘以120%，然后再进行目标分解。

7. 分目标时，可以尊重员工的意见，但避免挑肥拣瘦、挑易避难。

在合适的基础上保证公平。

有计划的执行才会让结果更完美

如果想要完成团队目标有个完美的结果，不是简单地把目标分解给员工即可。还需要对整个目标的实现制订一个有效的计划，让整个执行的节奏控制在自己手中，做到收放自如。总体看来有如下几点好处：

- ◆ 鼓励团队精神，增强组织形象。
- ◆ 有助于促进团队前进和目标的实现。
- ◆ 让计划做有依据的控制。
- ◆ 可根据外部和内部环境变化进行实时调整。

在制订计划时，要遵循如下几个要点。

- ◆ 以目标为导向。
- ◆ 怎样去做。
- ◆ 具体目标安排谁去做合适。
- ◆ 开始和结束时间是什么时候。
- ◆ 阶段安排、进度计划及突发事件如何处理。

如何把目标执行计划制定得更加具有执行性呢？可参考如下几条建议。

1. 把工作计划的目标与内容数字化，如时间化、数量化和金额化。若是目标允许，也可将其数字化。

2. 将行动具体化，也就是将整体目标做到有时间节度具体执行步骤，让整个执行具有高度可行性。

3. 将整个执行计划与员工进行告知和沟通，让他们坚决按照计划来进行任务的开展。

图 9–1 所示为一份项目执行计划表模板，管理人员可仿照其样式进行

其他目标计划表格的制作。

人才开发资金资助项目执行计划表

项目名称						
项目单位	单位名称				单位性质	
	通讯地址				邮政编码	
项目负责人	姓名		职务职称		电子邮件	
	电话		传真		手机	
项目联系人	姓名		职务职称		电子邮件	
	电话		传真		手机	
项目总投入				项目起止年月	年　月至　年　月	
量化目标和任务：						
项目的进度计划及实施机构：						
项目资金总额		资助经费		配套资金		
配套资金和资助资金使用计划（按阶段分类别列预算）	配套资金计划：					
	资助资金计划：					
项目承担单位意见	负责人（签字）： 职务：				单位公章 年　月　日	

图 9-1

运用二八法则，把多数时间用在重要的事情上

二八法则也叫巴莱多定律，是 19 世纪末 20 世纪初意大利经济学家巴莱多发现的。他认为在任何事物中，最重要的、起决定性作用的只占其中

一小部分，约 20%；其余 80% 的尽管是多数，却是次要的、非决定性的，因此又称为二八定律。

在团队业绩完成的过程中，我们也可按照二八原则来执行，也就是把多数时间用在重要的 20% 上，把少部分时间和精力用在不重要的 80% 上。如把 20% 的时间用在团队目标的制定和分解上，80% 让队员去执行；把 80% 的精力用在 20% 的重要目标上，把剩下的 20% 精力用在 80% 不重要目标上；让 20% 的核心队员完成 80% 的目标任务，剩下的 80% 让队员完成 20% 的任务，从而让这 20% 核心人员完成绝大部分的业绩结果。而 80% 完成剩下的 20% 结果等。它与我们常说的“好钢用在刀刃上”是一个道理。

在带领团队中可以应用二八原则，同时也可传授或要求队员也要学会应用二八原则，还可以从下面的例子对他们进行思维开拓。

案例陈述

1939 年，刚刚大学毕业的穆尔在为格利登公司找到一份业务员的工作，销售油漆。当时他的月薪是 160 美元，他拟定了一个月薪 1 000 美元的目标。当穆尔对工作得心应手后，他拿出客户资料及销售图表，以确认大部分的业绩来自哪些客户。他发现 80% 的业绩都源自 20% 的客户，同时不管客户的购买量大小，他花在每个客户身上的时间都是一样的。

于是，他要求把其中购买量最小的 36 个客户名单退回公司，然后全力服务其余 20% 的客户。在他参加工作后第一年就实现月薪 1 000 美元的目标。穆尔学会了犹太人经商的二八原则，连续九年从不放弃这一原则。之后，成立了美国西海岸数一数二的油漆制造公司，他最终成为凯利——穆尔油漆公司的董事长。

绩效考核方法

在带领团队中，队员完成业绩如何，工作是否努力及专业技术是否过硬等，都需要进行考核。而考核的方法之一就是绩效考核，在一定程度上以目标和结果来衡量。怎样进行绩效考核呢？下面我们来详细介绍。

绩效考核，先要注重角色定位

绩效考核就像一把带有刻度的尺子，用来测评员工的工作态度、能力和业绩等。但是需要注意的是，这把“尺子”需要根据不同的岗位、角色、职能变化而变化，做到因地制宜，不能是“一把”尺子“量”所有。

在具体的考核中，为了考核的结果能够科学合理和准确，我们可以将绩效考核对象分为三类：一线职员、办公室职员及管理人员。对不同角色的业绩考核，采用不同的方法。

（1）一线职员绩效考核

一线职员也就是直接与客户打交道的人员，如业务员、服务员、收银员、安装人员、设计人员和采购人员等。他们的考核方法有汇总月销售成绩、顾客调查汇总、典型事件加减分、工作完成情况及工作目标达成等。大致考核方法如图 9–2 所示。

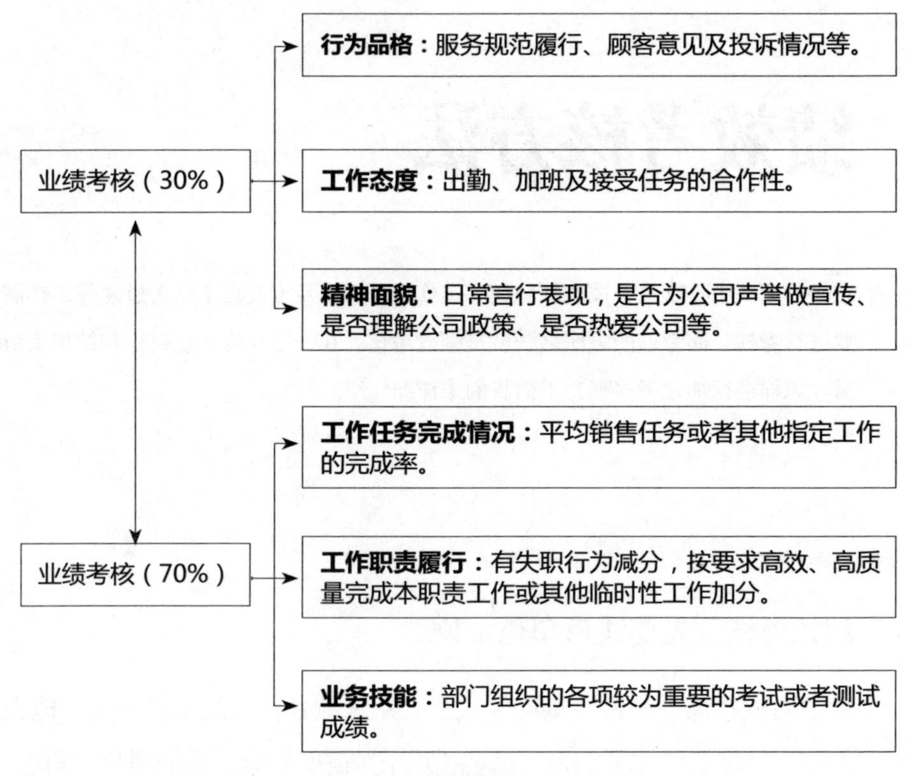

图 9-2

（2）办公室职员绩效考核

办公室职员可简单将其理解为在办公室办公，且不与客户直接打交道的人员，如助理、文案、财务人员等。对于他们的业绩考核方法，可按照如图 9–3 所示的要点和方法进行。

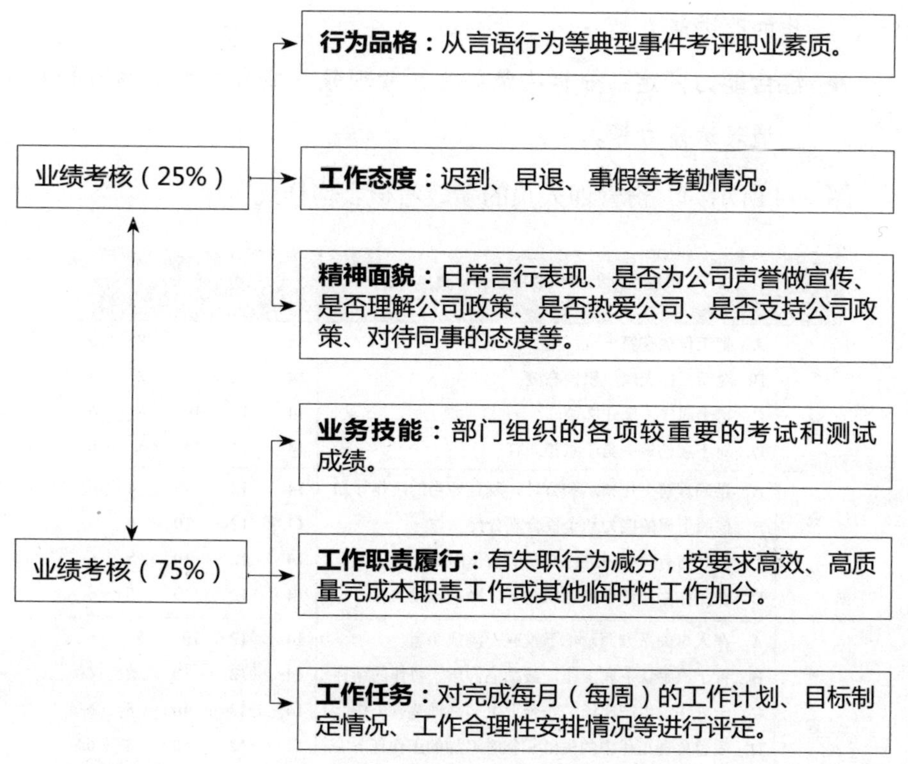

图 9-3

（3）管理人员绩效考核

管理人员是联系员工的节点，他们的工作能力和工作态度及工作品行相当重要，直接关系到公司或企业是否能组织员工来完成既定目标和战略。对他们的绩效考核可从两个方面着手：品行和业绩。其中品行占 40%，业绩占 60%。具体有如下几项。

◆ **行为品格**：从言语行为等典型事件考评职业素质。

◆ **工作态度**：考勤情况及工作积极性。

◆ **职业素质**：主动、热情、公正、谨慎、创新、应变、谦虚、宽容等。

◆ **部门工作**：安排与分配工作统筹安排能力。

◆ **工作职责履行**：对本部门工作职责的把握、管理能力和对部门工作的改进能力。

◆ **综合能力评定：**分析决策能力、管理领导能力、组织协调能力、沟通表达能力等。

图 9–4 所示为一份管理人员的绩效考核表格样式。

评价	对评价期间工作成绩的评价要点	评价尺度				
		优	良	中	可	差
态度	A．把工作放在第一位，努力工作	14	12	10	8	6
	B．对新工作表现出积极态度	14	12	10	8	6
	C．忠于职守，坚守岗位	14	12	10	8	6
	D．对下属的过失勇于承担责任	14	12	10	8	6
业务	A．正确理解工作指示和方针，制订适当的工作计划	14	12	10	8	6
	B．按照下属的能力和个性合理分配工作	14	12	10	8	6
	C．及时与有关部门进行必要的工作沟通	14	12	10	8	6
	D．在工作中始终保持团队精神，顺利推动工作	14	12	10	8	6
管理	A．在人事关系方面，部下没有不满或怨言	14	12	10	8	6
	B．善于放手让下属工作，鼓励他们乐于协作的精神	14	12	10	8	6
	C．十分注意生产现场的安全卫生和整理整顿工作	14	12	10	8	6
	D．妥善处理工作中的失败和临时追加的工作任务	14	12	10	8	6
协调	A．经常注意保持提高下属的工作积极性	14	12	10	8	6
	B．主动改善工作和提高效率	14	12	10	8	6
	C．积极培训、辅导部下，提高他们的技能和素质	14	12	10	8	6
	D．注意实施目标管理，使工作协调进行	14	12	10	8	6
效果	A．正确认识工作意义，努力取得最好成绩	14	12	10	8	6
	B．工作方法正确，时间和费用安排合理有效	14	12	10	8	6
	C．工作业绩达到预期目标或计划要求	14	12	10	8	6
	D．工作总结和汇报准确真实	14	12	10	8	6

1．通过以上各项的评分，该员工的综合得分是：____________________分

2．该员工应处于的等级是：（选择其一）　　[ ]A[ ]B[ ]C[ ]D

A．240 分以上；B．240～200 分；C．200～160 分；D．160 分以下。

3．评价者意见____

____

签字：____________________　　__________年________月________日

图 9-4

绩效管理要走出误区

绩效管理已经被广泛应用在团队管理中，为很多企业带来明显的积极效应。但对于一些新手或应用不太成熟的管理人员而言，绩效管理并不是那么有用，有时还让人员的工作积极性下降。很大程度上是因为走入绩效管理的误区。

那么绩效管理有哪些误区呢？下面就将一些常见误区展示给大家。

（1）只关注结果忽略过程

一些公司或企业，只注重考核的结果，而忽略或没有足够重视绩效实现的过程监控、沟通和辅导，从而走进了绩效考核的误区，造成绩效考核的不成功。

（2）考核范围受限

绩效考核对象分为三种，分别是一线员工、办公室人员和管理人员。而在实际的考核中，一些考核人员只会对一线员工、办公室人员和初中级管理人员进行考核，从而人为放弃对高层人员进行绩效考核，最终造成绩效考核流于形式，同时助长了“官僚主义”。

（3）考核重点不清

绩效考核必须跟随公司的既定战略和目标，以及现阶段的工作重心来进行考核，而不是为了考核而考核。

（4）考核标准不合适

绩效考核前，标准或目标必须制定合适得准确，不能过高或过低，若过高，员工普遍不能达到，这样员工就会觉得无所谓；若过低，员工轻易实现，那么就失去了绩效考核中发现问题、解决问题的初衷。

（5）考核指标统一

绩效考核的指标不是千篇一律和一成不变的，对不同部门和特殊岗位，以及不同时间段进行考核时，一定要有适合的指标。

（6）自测自考

绩效考核必须由第三方进行测评，不能自己考核自己，因为这样的结果往往可信度不高。

（7）结果惩罚式

绩效考核的重心是绩效改进和绩效面谈分析上，并根据绩效结果，进行有效的人力资源管理改进，而不是一味地惩罚来打击员工的士气。

（8）等级划分

一些部门或人员，会根据绩效考核结果进行人员的等级划分，人为创造摩擦，大伤元气。

合理考核可以产生绩效

考核的目的是为了产生好的绩效，当然我们只要采用合理的考核就可以产生绩效。

那么，怎样的考核是合理的呢？主要有以下几点：

- 通过考核，全面客观地评价员工的各项工作成绩，并让员工了解到这些成绩与报酬和待遇的关系。同时创造机会让员工参与管理程序，发表自己的意见。
- 不断完善考核中的不足并根据考核结果对员工进行相应的培训。
- 根据考核结果与员工进行一对一交流，帮助他们找到问题的所在，同时也倾听员工的想法。

◆ 在考核中需使用三种考核标准：绝对标准、相对标准和客观标准，根据不同的部门和岗位对考核标准进行细化。其中在绝对标准以员工工作的行为特质为标准，然后将达到该项标准列入评估范围内，而不在员工相互间做比较；相对标准是将员工间的绩效相互比较；客观标准是评估者在判断员工所具有的特质，以及其执行工作的绩效时，对每项特质或绩效表现，在评定量表上每一点的相对基准上予以定位。

在对员工进行绩效考核时，要保证考核的合理，就必须保证考核方式没有过期，也就是考核标准没有超出其有效周期。其中常见的周期有月、季度、半年、年。性质不稳定指标考核标准通常时间较短，这点需要考核人员注意。因此，若是考核标准制定或修改时，要确定考核的有效周期，要考虑到如下几个因素。

（1）职位的性质

不同的职位，工作的内容是不同的，因此绩效考核的周期也应当不同。一般来说，职位的工作绩效比较容易考核的，考核周期相对要短一些。

（2）指标的性质

不同的绩效指标，其性质是不同的，考核的周期也应当不同。一般来说，性质稳定的指标，考核周期相对要长一些。相反，考核周期相对就要短一些。

（3）标准的性质

在确定考核周期时，还应当考核到绩效标准的性质，就是说考核周期的时间应当保证员工经过努力能够实现这些标准，这一点其实是和绩效标准的适度性联系在一起的。

将工作态度纳入考核之中

一个合格和优秀的员工，不仅具有合格和优秀的职业技能，同时还应具有良好的工作态度。所以，在考核中也应将员工的工作态度纳入考核中，我们可参考如图 9–5 所示的考核员工工作态度的表格。

员工工作态度考核表

姓名		职位		所属部门	
考核项目	考核内容				考核结果
工作纪律性	1．是否自觉遵守公司及部门规章制度 2．出勤状况				
工作积极性	1．工作任务按时完成情况 2．工作中主动学习，努力提升自己的知识水平和综合技能				
工作协调性	1．与同事、上级领导合作情况 2．是否能努力创造一个良好的工作氛围				
工作责任感	1．是否自觉完成本职工作及工作质量状况 2．对在服务工作中的失误是否逃避责任或多寻求辩解				
服务态度	1．能否遵守服务规则、标准及规范 2．能否耐心地听取客户的意见和需求，及时地为客户解答问题 3．能否随时了解客户的情况，做到提前预防或纠正问题 4．客户满意度评价情况				
合计					____分

图 9-5

额外设置特别薪酬，让员工大胆 PK

绩效考核有三个明显的目的：一是考察和评估员工的工作能力，二是激励员工，三是发现人才。考察和评估员工业务能力，通过绩效考核能直接得出结果。通过激励员工和发现人才，让团队之间形成竞争气氛，并发掘优秀人才。单用绩效考核还不够，需要与收入挂钩，让员工大胆 PK，激发相互追赶的竞争意识，让优秀人才脱颖而出。当然，若是与常规工资收入挂钩不一定能完全起到激励作用，这时可设置一项特别薪酬，作为额外或意外的收入。

要让员工工作积极性更高，竞争更加激烈，需要做到如下几点。

1. 事先告知参加绩效考核的员工，让他们清楚知道额外薪酬的存在，让他们把好胜心直接带到工作中去。

2. 将考核规则和相应技术指标明确告知或公示。

3. 考核过程中保证公平、公正和公开。

4. 在整个竞争过程中进行实时监督和抽查，避免出现投机取巧，让整个考核处于一种透明的状态。

5. 让整个竞争处于良性竞争状态，避免出现螃蟹效应。

小贴士

螃蟹效应，又称为“Crab Bucket Syndrome”或“Crab Syndrome”。描述的是，用敞口藤篮来装螃蟹，一只螃蟹很容易爬出来。多装几只后，就没有一只能爬出来了。没有别的原因，只是因为相互扯后腿的结果。螃蟹效应在团队竞争中的表现，是指员工与员工之间、员工与管理人员之间，因为个人利益，而出现的明争暗斗。企业的各成员因为个人利益，相互排挤与打压。最终导致团队做不大、做不强的情况。

作为补充，若是团队管理者有修改或完善薪酬的权利，也可将其设置为特别薪酬制度，直接让业绩来决定员工薪酬的多少，同时也能起到激励员工、公平竞争、把庸才变成良将的目的。

特别薪酬制度，大体规则是让业绩决定收入，如基本工资收入、奖金、提成比例等，类似下面这个案例所描述的情况。

案例陈述

A公司有五个基本工资档，分别为200元、400元、620元、1 200元、1 450元。与之对应要完成的最低销售额分别为0元、6 000元、8 500元、11 000元、13 000元。选定工资档后，如果当月能完成对应的最低销售额，则可依次按实际销售额的7.5%、8%、9%、10%、12%拿提成，如果完不成对应的最低销售额，则提成“归零”，只能拿基本工资，没有提成。

比如，某员工希望4月份的基本工资为1 200元，那么他当月最少要完成11 000元的销售额。如果恰好完成，那他4月份的工资提成合计可拿2 300元。分析认为，该薪酬制度的好处在于，员工可根据个人每个阶段的实际情况确定自己的工资标准，而一旦确定后，他们会“削尖脑袋”努力达成目标，否则他们的业绩是白做，没有分文提成。

建立沟通渠道，保证各环节衔接

绩效考核大体有六大环节，分别是绩效目标的拟定、绩效目标沟通、绩效反馈和沟通、绩效结果评估、绩效面谈及绩效结果应用。其中绩效沟通、绩效面谈是其中非常关键的两个环节。一些团队虽然在推行绩效考核，但效果却不尽如人意，这不是员工的积极性不够、工作不努力造成的，而是因为沟通不到位或不通畅。所以，把绩效沟通作为绩效考核中的关键完全有必要，必须保证建立沟通渠道并保持畅通，让其环环相扣，相互衔接。

在绩效考核中怎样做到沟通渠道畅通，环环相扣，可从下面几点着手。

◆ 绩效目标沟通

绩效目标拟定后，要与员工进行沟通，特别是分解团队目标时，让其清楚自己的目标任务，从而知道自己的职责，该做什么，应该向哪方面努力，避免目标不明确导致员工能力低下或积极性不高。

◆ 绩效日常反馈和沟通

在绩效管理过程中，一旦发现问题时，及时与员工沟通，找到问题所在，寻求解决的办法，让其及时纠正并进行改善。

◆ 绩效考核结果沟通

由于绩效考核与收入、晋升或升迁挂钩，所以绩效结果出来后，要与当事员工进行面谈沟通，对考核结果达成一致，接受考核结果，并朝着指定方向进行努力或改进。避免沟通不畅导致员工情绪激化，造成不必要的误解。同时，还可以规定若对考核结果有任何异议，可进行申诉，让申诉机制和渠道发挥有效作用。

案例陈述

李某是一家电源制造企业年轻的客户经理，有着硕士学历背景和较好的客户资源。

李某所在的公司所推行新的考核办法是根据每个员工本月工作的工时和工作完成度对其工作进行考核，考核结果与工资中的绩效工资挂钩，绩效工资和员工当期的相关绩效挂钩。上月李某的工时离标准工时差距很大，而且工作完成度也偏低，经过相关工资计算公式的演算，李某工资中的绩效工资要扣掉一千多元。

拿到工资后的李某，面对工资数额的减少，非常激动，提出了如下几点质疑：①工作安排不是他的错，因为上级朱总监没有及时下达任务；②没有完成相关的经济目标责任也不应该全由他承担，因为这和整个公司的团队实力有关；③在工作过程中朱总监也没有对其工作进行监督、指导；④与他同一岗位的同事相比，他认为自己的成绩比别人好，而拿到手上的工资却比同事低得多，这太不公平。

在上述案例中，李某所在的公司由于沟通不到位，如领导布置任务时存在几个问题。首先，李某没有向领导进行沟通，领导也没有与李某进行切实有效地交流。其次，考核的标准没有事先告知李某，造成李某觉得考核对自己不公平。最后，绩效考核结果出来，领导并没有找到李某面谈，造成李某难以接受结果，出现质疑和抱怨。所以，要想让绩效考核有效就必须让沟通环环衔接、畅通。

第10章 ○ 培训是带好人的重要手段

带领团队不仅要为员工指引应该攻克的“山头”，同时还要训练队员的“攻山”技能。要让队员掌握、完善和提高“攻山”的技能，最有效和直接的方式，就是通过有效的培训来实现。正如人们熟知的一句话：“带人之道很多，但是找不到带人的种子，便成不了事业家。”

选择合适的培训方式

培训方式有很多种，如小组讨论、师徒带、沙龙等，没有绝对的好坏之分，只有合适与不合适。所以在对团队进行培训时，选择最合适自己队员的方式，非常关键。下面介绍一些常用的培训方式，供大家进行了解和选用。

小组讨论，信息多向传递，参与性高

小组讨论培训法也是一种常用的培训方式。由于这一方式着重解决现实问题，因此得到了普遍的欢迎。小组讨论可以小组研讨、全体学员一起研讨报告，然后分组研讨或小组之间就某一问题辩论的形式进行，其目的是要深入分析问题并提出明确的解决方法。总共分为三个阶段，分别是前期准备、具体实施阶段和评价与总结。

其中，前期准备包括五个方面，编辑讨论题目、设计评分表、编辑计时表、选定场地和确定讨论小组（包括小组人员分配）。具体实施阶段分为两个步骤，首先是宣读指导语，然后进入讨论阶段。最后的评价与总结包括五个方面，参与度、影响力、决策程序、任务完成情况及团队氛围和成员共鸣感。

在实际操作中，小组讨论形式较为常用的有如下几种。

（1）有组织地讨论

它主要目的是达到预期的目标。小组成员在对相关主题进行讨论时需加入一些心得体会促进学习。

（2）陪伴式讨论

陪伴小组成员全都是相关论题的专家，每人都有自己的论题。话题引入都从逻辑的起点开始，每位专家都是在上位专家的内容上进一步阐明自己的观点，搭建自己论题的框架结构的同时，保证讨论主题的连续性。

（3）开放式讨论

它是一种无组织的讨论形式，学员完全随意发挥和发表自己的观点，甚至是发泄受挫折的情绪，同时仲裁者由提出话题者临时充当。需要强调的是，这种方式需要一些权威人士在场，以促进讨论的继续。

师徒带，手把手传授业务技能

师徒带，是一种既有现场培训又有课堂培训的工作与学习结合的培训方法。除了具有让学习者在学习时获得收获的明显优点外，还具有如下几点特性。

◆ 示范性

师傅可以针对具体的工作环境和任务给学徒进行现场示范，同时学徒可以提出问题，师傅及时解答。

◆ 指导性

在学徒实践的过程中师傅能及时发现问题，指出问题，提出建议。

◆ 后续性

学徒“出师”后在工作中遇到的各种问题，依然可以向“师傅”请教，由“师傅”指点迷津。

师徒带具体操作方法大体如下。

◆ **第一步**：根据培训内容为队员指定“师傅”。

◆ **第二步**：让“师傅”制订带学徒的具体计划。

◆ **第三步**：实施师徒带的培训计划，让师傅在工作中教授徒弟工作的方法和技能，并对学徒中的表现进行观察、纠正和评估。

◆ **第四步**：等到学徒对工作熟悉后，让其独立工作，师傅对工作进行适当的辅导和建议。

◆ **第五步**：对学徒独立后的工作情况进行评估，以对培训进行评估。

下面是企业师徒带的管理方法部分条款供参考，以便在管理中进行实际的应用。

案例陈述

师徒制管理方案

一、目的

为提高新员工职业素质，实现员工职业生涯目标，加快企业人才培养步伐，特制定本方案。

二、定义与范围

师徒制：即师傅带徒弟，以“带进门”“进修”为目的，辅导期为 1 ～ 3 个月。

三、师傅的管理规定

（一）任职资格

师傅任职资格：店长或指定的工作半年以上业绩突出的营业员。

（二）师傅的职责

1. 师傅必须具有良好的职业道德和本岗位应具备的全面专业技能，热心传授理论知识和实际操作技能，明确自己所承担的责任，具有强烈的责任感。

2. 从思想、工作、生活上关心、爱护和帮助徒弟，为人处事要起到模范、榜样作用。做好带徒的学习记录，保证徒弟考核合格。

3. 帮助徒弟熟知企业文化、规章制度、岗位职能、工作方法和技巧等。

4. 根据徒弟的情况，进行部门内所需的通用业务能力、技术的辅导，帮助徒弟提高岗位技能水平。

5. 定期（每周一次）向人力资源中心反馈（员工）徒弟各方面的情况。

6. 关注徒弟的思想动态，引导徒弟理解、认同企业文化，融入工作团队。

7. 协助徒弟规划其在公司内部的职业发展道路。

案例研讨法，用事实提升问题解决和分析能力

案例研讨法是目前国内外培训界应用最多的培训法之一，它源自高等院校中的案例教学法，并在企业实践中有所发展、有所创新。明显的特点是，培训人员根据自己的学识和经验，通过讨论来解决案例中提出的问题，

达到培养队员在实际工作解决和分析问题的能力。这也要求提供的案例必须具有如下几个特点。

- **具有典型性**：具有讨论的价值。
- **能引起争议**：能够用于讨论，引起大家争议的兴趣。
- **具有相对独立和完整的情节**：能就事论事。
- **结构合理**：避免出现漏洞，让队员觉得案例有问题，不值得和没兴趣讨论。

要引导队员进行思考和探讨，可从以下几个关键点着手。

- 短期与长期问题是什么？
- 应该做什么？
- 关键因素是什么？
- 能学到什么？
- 主要角色的假设是什么？

由于案例研讨法，大部分时间是由队员占有，为了让整体效果更加令人满意，可按照如下步骤来操作。

（1）准备阶段

让队员阅读案例材料，查阅指定的资料和读物，收集必要的信息并积极地思索，初步形成关于案例中的问题的原因分析和解决方案。

（2）小组准备并讨论

将队员划分为 3 ～ 7 人的小组，指定 45 ～ 60 分钟的时间，让他们表达意见加深学员对案例的理解。同时各个小组的活动场所应彼此分开，并以他们自己有效的方式组织活动，培训人员可巡视但不进行干涉。

（3）小组成果交流和总结

培训人员主持讨论交流，让小组派一名代表将自己小组的成果向大家做一简要的汇报。时间一般在 50 分钟左右，然后培训人员对整个汇报进行点评或讲解，并进行相应的总结。

角色扮演法，培养员工换个立场看问题

角色扮演（Role–playing）是一种情景模拟活动。队员担任指定职务，编制一套与该职务实际根据相似的测试项目，将队员安排在模拟的逼真工作环境中，要求队员处理可能出现的各种问题，用多种方法来测评其心理素质、潜在能力的一系列方法。其互动性非常强，常用于管理角色互换、业务员与客户的角色互换等，培养员工换位思考，换一种立场看问题的能力，从而更加理解和服从团队管理人员的安排及客户的不合理要求、抱怨等。

角色扮演培训方法较为特殊，它需要培训人员按照严格的要求来操作，其大体如下。

1. 主要希望反映出什么样的问题，培养或提高哪些技能，也就是明确培训要达到的目的。

2. 根据培训目的设计一个能较好实现培训目的的场景，一般是组织中真实场景，引起参与者的共鸣，对以后在处理实际工作中相似的问题提供实在的帮助。

3. 设置适当的角色，使之与所设计场景的真实情况相吻合，保证角色扮演的人物、情节符合现实中的实际情况，增加真实感。对角色要设置具体的要求，如工作内容、任务要求等。

4. 编制一个具有大体框架的剧本，保证整个过程在控制中。

5. 对具体的表演时间做出合理要求，让角色扮演者在规定的时间内完成相关任务。

6. 整个过程中要加强控制，确保角色扮演能够按照基本预订的轨迹发展，但不过分控制，标准是不影响角色扮演者的表演。

在整个培训过程中，为了保证质量和效果，对培训人员要做到如下几点要求。

接受作为当前角色的事实，并处于一种充分参与的情绪状态扮演角色。在角色扮演过程中，注意态度的适宜性改变。

如果需要，注意收集角色扮演中的原始资料，但不要偏离案例的主题。在角色扮演中，不要向其他人进行角色咨询。

要求队员不要有过度的表现行为和个人想法，因为这样可能会偏离扮演的目的。

自学法，员工自主学习能力的培养和增强

自学法，可简单将其理解为自己学习的方法。比较适合一般理念性知识的学习，由于成人学习具有偏重经验与理解的特性，让具有一定学习能力与自觉的学员自学，经济实用，不过监督性差。对于培养与员工自主学习的能力相当实用。

自学法虽然是让员工自己学习，可对他们做出如下几点要求。

1. 找出要点、重点和难点。

2. 找出相应知识的内在联系和相关性。

3. 将内容以提纲的要求简明地显示出来。

4. 让员工对一些重点进行加强记忆，最好能达到背诵。

使用自学法，管理人员需要认识到如下几点。

员工的学习能力和知识储备是否适合自学。

对重点理论知识点进行标注并指出。

自学并不是完全放任学员，需要适当的监督和抽查。

小贴士

为了让培训更具有针对性，效果更加明显，可事先对学员的需求进行调查，弄明白他们重点需要培训什么，喜欢哪种培训方式等。管理人员再进行相应的准备和选择。

一般情况下，可以使用调查表或文件的方式来进行调查，如下面的这部分试题，就是对学员的培训需求进行调查的。

1. 部门内部关于商品知识、行业和市场信息、岗位工作技能的培训、学习、分享是否充分：

□ 非常充分 □ 充分 □ 还可以 □ 不够充分

2. 您目前的学习状态是：

□ 经常主动学习，有计划地持续进行

□ 偶尔会主动学习，但没有计划性，不能坚持

□ 有学习的念头或打算，但没有时间

□ 有工作需要的时候才会针对需要学习

□ 很少有学习的念头

3. 您最能接受的培训方法是：（ ）多选

A. 课堂讲授法　B. 案例研究法　C. 情景模拟法

4. 您认为哪种培训方法最有效

□讲授 □案例分析 □游戏 □情境模拟 □课堂讨论

怎么培训才能事半功倍

在对队员进行培训时，想做到事半功倍需要有一定的方法技巧，同时可以根据实际情况进行培训计划的调整。下面我们将会具体介绍一些能让整个培训事半功倍的几种常用方法技巧。

具体告知下属应该采取的行动

在对队员进行培训中，安排或指定项目任务时，要让队员迅速地知道应该做什么，可以做什么，如何才算是做好等，就需要具体告知下属应该采取什么行动。

怎样来具体明确告知下属应该采取行动呢？可按照MORS法则，具体如下。

◆ Measured：可测评，表示可以测量、评价。

◆ Observable：可观察，表示评价者可以分辨出行为主体是否在从事特定的行动。

- Reliable：可信任，表示行为的判断标准具有唯一性，不管多少个人从多少个角度来看，得到的结果都是相同的。
- Specific：明确化，表示关注的焦点都是确切的因素，如“谁”采用了“何种方式”做了“什么事情”，而不管那些不明确的因素。

案例陈述

业务员小李已刚进公司2个月，还是新员工，由于销售方法和经验都较少，公司在他进入公司后就对其进行培训，并与实战结合。

一个月后销售部经理把小李叫到办公室进行谈话，具体内容如下。

经理：“我们来看看你任务完成的情况。上个月我们说好要你提高销售业绩的。”

小李：对，是这样。我觉得我完成得还行。

经理：确实，你的销售量好像是上去了一点儿。

小李：确切地说，是7.7%！

经理：当然是有了提高，但我想要的是15%或20%的增长，至少也要10%。

小李：10%？当时你并没有说这个标准呀。不然当时我是无论如何也不会答应下来，你只说这个月要我大幅度提高销售额。我觉得提高7.7%已经够高了。你知道，我做得多苦才达到现在这个水平的？”

经理：好了好了，这个指标我们就在此打住吧。

在案例中可以看出销售部经理在带小李的过程中，为其安排的临时任务，虽然目的是为了结合培训的方法，让其在工作中得到应用、锻炼和磨砺。但在他们的对话中可以明确看出这位经理没有按照可测评（Measured）和可信任（Reliable）原则来告知下属应该采取的行动，导致双方在任务提高度上有了分歧，让小李的工作积极性大打折扣，同时对这位经理产生不信任的心态。

以具体的语言指示或指导下属

在员工学习某项工作或实际应用时，一定要尽可能明确且具体地表达相关的内容，让他们知道具体的工作是什么？要应用到培训中的哪些知识点，以及哪些需要多人协作，哪些是由个体完成等，而不是让学员去猜测或揣摩，因为这样很容易让学员感到困惑，导致实战的目的不能达到，影响培训的质量和效果。

无论指示或指导下属，要想让结果更好，建议按照如下几点进行。

- 在指示或指导中，最多仅限三件事，不能贪心。
- 事先将员工不需要的指示或任务清除掉。
- 除了分内工作，也要教导下属工作的意义和全貌。这样下属才能够确切执行应该采取的行动，做好协调、配合的工作。
- 不要相信“我懂了”这句话，一定要再次确认，让其重复一次。
- 对于培训中具有指导的教学或实战，可让他们写学习心得，对实际问题的处理进行思考和讨论，让他们思考成功、失败的模式。
- 懂和能做之间有很大差距，要向他们说明如何在工作中运用所学。

根据员工的学习能力灵活调整培训计划

培训的目的是让员工的工作能力有明显的提高，将他们变成能手、干将，使整个团队的“战斗力”获得提升，顺利完成或攻克指定的目标任务，带来更多的效益。鉴于此，培训人员在培训前就会制订一份明细的培训计划，并按照相应的步骤进行。

不过，在培训中员工是主要对象，他们才是主角。所以必须考虑到他们的学习能力和效果。若是个别员工学习相对落后，我们可以利用空闲时间将他们不明白的地方进行讲解，也就是“开小灶”。若是绝大部分员工的学习能力都跟不上培训的节奏或是学习效果不理想，这时就需考虑灵活调整培训计划，如下面这则实例。

案例陈述

安全培训计划的通知

人事培训函〔2013〕8号

集团及各分公司：

根据公司安全培训中心的培训调研情况和《关于调整2013年8~12月参加安全管理人员二级培训计划的请示》(龙控安培字〔2013〕第16号)，经研究同意，调整2013年龙煤矿业控股集团安全培训计划。取消8月14日至20日第十一期复训班，复训班期别顺延，第三期初训班日期延后，第四期初训班不变，具体安排如下：

1. 第三期初训班培训时间为8月22日～9月22日（原8月22日～9月12日）。

2. 第十一期复训班的培训时间为9月24日～9月30日（原第十二期）。

3. 第十二期复训班的培训时间为10月16日～10月22

日（原第十三期）。

4. 第十三期复训班的培训时间为10月23日～10月29日（原第十四期）。

5. 第四期初训班培训时间为11月1日～11月22日。

望各有关单位根据培训计划调整情况做好培训调学工作。

在案例中可以看出公司对培训的时间上做出了明显的变化，将培训时间统一调长了，说明公司重视学员的接受能力、培训质量。这是自上而下的整体调整培训计划，若是就本团队的培训要调整计划，同时需要得到上级的批准，可用如图10-1所示的表格。

培训计划调整表

编号：JL-04-04

培训项目	
主办单位	
调整内容及原因	申报人：　　日期：
审批意见	审批人：　　日期：

图10-1

注重细节才能快速带出员工

细节决定成败，在员工培训中也不例外。怎样注重培训中的细节，作为管理人员需要“一门清”才行，如何引导队员积极提问，如何对培训效果进行检测，如何将培训应用到实际工作中等。这样才能快速地将新员工或需提高的员工带好、培训好。

如何引导队员积极提问

要让培训的效果更好，可积极引导学员积极提问，正如著名科学家爱因斯坦所说的：“提出一个问题往往比解决一个问题更重要，因为解决一个问题也许是一个数学经验或实践上的一个技巧而已，而提出新的问题、新的可能性，从新的角度去看问题，却需要创造性的想象力，而且标志着真正进步。”

在培训中如何引导队员积极提问，可从以下几个方面着手。

（1）创造提问氛围

在对员工进行培训时，要创造一个敢于提问、可以提问和乐于提问的氛围，让他们发现问题，具体可按照如下几个方面进行操作。

- 根据已有知识技能来与学员已有的知识技能体系形成冲突，激起他们的探究欲望。
- 创造一种相互尊重、理解、和谐的培训课堂气氛，同时不断地加强的师生间的情感交流。
- 培训中及时表扬、鼓励学生发问，即使是一些学员提出一些幼稚的问题，也要给予鼓励，让其他学员敢大胆提问。

（2）放手实践运用

让学员将培训的新知识和技能应用在实践中，这样在应用所学的方法和技能及相应理论时往往会有新的感触，从而产生新的联想，或者会遇到一些意想不到的问题，困惑也就随之而来，此刻他们就会因困惑而提出问题。

（3）多示范引导学员善问

在培训过程中培训人员可就一些方法细节上对学生进行提问，如“为什么要采取这种方式，而不是其他”？等，引导他们思考，并作为一种提问的示范。学员受到培训人员的提问思维，从而开发脑筋，发现问题并积极提问。

不能让培训成为“走过场”

要队员都成为能“冲锋陷阵”的得力干将，就需要对其进行业务能力和技巧进行培训，而且要“用心”培训，否则将会让整个培训“走过场”。

不过只要弄清楚这些可能导致培训“走过场”的原因，就能很好地克服。大体有如下几种原因。

1. 对培训的重要性缺乏全面认识，认为培训能立竿见影，或是一种任务，没有按照预定计划进行培训或采取一些填空白的方法来完成整个培训，目的只是为了一些所谓的证书、职称等，这样的速成班的培训注定是“走过场”。

2. 对培训内容具有片面性，甚至是随意性，没有根据员工的需要进行培训，更没有采用员工喜欢的方式进行培训，而是根据主管的认识或想法来确定，缺乏培训调查分析。

3. 为了节俭将一些本该用于培训费用人为的“砍掉”，造成培训资金下降，导致培训人员素质、设备数量、质量等大大下降，让培训效果大打折扣。

4. 对培训效果不闻不问或大体“关心”，导致整个培训过程成为“豆腐渣”工程。

团队在培训中怎样来避免“走过场”，可参考如下几种方法。

培训工作是一个持续性工作，需要制订长远的计划，而不是一些速成班，要定期性、经常性的培训，让他们能够不断地接受新的思想、新的内容。

在培训之前，要制定合理的、符合团队情况的操作流程和规范，并正确估算投入金额，选择合适的培训环境。

在培训前调查员工的需求及喜欢的培训方式。

培训结束之后，我们的工作并没有结束，还要严格的要求和监督，监督员工按照培训的要求去做。绝对不能培训之后就不闻不问，以为员工自己就会按照培训的要求去做。

在培训过程中积极主动地帮助和指导员工，让所有的员工在理解上步调一致。

对培训结果进行科学的评估（在下面的知识中将会具体讲解）。

百炼才能成钢，多做实战锻炼

培训的目的是为了实战，除了一些纯理论的知识要点外，如制度、规条等，对于具有实操性的方法和技能，都可以结合实战，让学员在实战中发现问题、思考和探索，同时，培训人员也能积极发现员工的短板和不足，及时给予帮助和指导。

由于岗位的不同，方法和技能培训的内容及方法不完全相同，甚至差异很大。管理人员一定要根据实际进行结合安排和规划培训方式与方案，但都需要与实战或实际岗位要求结合。如下面是一公司对员工进行技能培训的部分方案和要求。

案例陈述

一、培训目标

1. 增长知识：销售人员肩负着与客户顾客沟通产品信息、收集市场情报等任务，因此必须具有必定的知识层次，这是培训的主要目标。

2. 提高技能：技能是销售人员运用知识进行实际操作的本领。对于销售人员来说，技能的提高不仅仅在于具备必定的销售能力，如产品的介绍、演示、洽谈、成交等方面技巧的提高，还包含市场调查与分析能力，对经销商提供销售援助的能力与客户沟通信息情报的能力等。

3. 强化态度：态度是企业长期以来形成的经营理念、价值观念和文化环境。通过培训，使企业的文化观念渗透到销售人员的思想意识中去，使销售人员热爱企业、热爱销售工作，始终保持高涨的工作热情。

二、培训的负责人和培训讲师经验丰富，或是业绩高的销售人员

三、培训的对象从事销售工作对销售工作有一定的认知或熟悉销售工作的基层销售人员

四、培训的内容

销售技能和推销技巧的培训：一般包括推销能力（推销中的聆听技能、表达技能、时间管理等）和谈判技巧，如重点客户识别、潜在客户识别、访问前的准备事项、接近客户的方法、展示和介绍产品的方法、顾客服务、应对反对意见等客户异议、达成交易和后续工作、市场销售预测等。

在对销售人员培训的方案中，明确规定要将培训的销售方法、技能和技巧，如推销能力、谈判技巧、表达技能等，应用于实际工作中。

检测员工的培训效果，早发现问题早解决

员工的培训效果检测不单单是在整个培训后进行，在培训过程中也需要检测，尽早地发现问题，解决问题，不断完善，让整个培训进展顺利、效果更好。

通常情况下，对员工培训效果进行检测，从下面三个方面进行。

（1）反应层评估：观察学员的反应

反应评估是评估的第一个层次，即在课程结束时，了解学员对培训项目的主观感觉或满意程度，简单理解为学员对培训项目的印象如何。目的

是学员对培训项目的肯定式意见反馈和既定计划的完成情况。常用方法是调查问卷或表。下面是一份反应评估的调查问卷部分供参考。

案例陈述

培训反应评估问卷

为了了解本次培训对您需求的满足程度，我们需要您花费几分钟的时间填写这份问卷，填写问卷时请注意以下两点。

1. 请务必填写您的真实感受，这对我们培训工作的改进很重要。

2. 请注意所有的选择性题目均为单选题目，请在相应的选项后打“√”号。

下面请作答。

1. 您对本次培训的主题如何评价？

A. 非常好　B. 很好　C. 好　D. 一般　E. 差

2. 您对本次培训的组织管理人员如何评价？

A. 非常好　B. 很好　C. 好　D. 一般　E. 差

3. 您对本次培训的讲师如何评价？

A. 非常好　B. 很好　C. 好　D. 一般　E. 差

4. 您对本次培训的设施条件如何评价？

A. 非常好　B. 很好　C. 好　D. 一般　E. 差

5. 您对本次培训的日程安排如何评价？

A. 非常好　B. 很好　C. 好　D. 一般　E. 差

6. 您对本次培训的内容如何评价？

A. 非常好　B. 很好　C. 好　D. 一般　E. 差

（2）学习层评估：对培训内容进行测试

学习评估主要是评价参加者通过培训对所学知识深度与广度的理解和掌握程度。方式有书面测评、口头测试及实际操作测试等。书面测评是了解知识掌握程度的最直接的方法，而对一些技术工作，如工厂里面的车工、钳工等，则可以通过绩效考核来掌握他们技术的提高。下面是部分学习评估的问卷。

案例陈述

1. 您认为培训师的授课水平如何？（　）

A. 很差　B. 比较差　C. 一般　D. 比较好　E. 很好

2. 您认为培训师讲课时认真负责吗？（　）

A. 不负责　B. 不太负责　C. 一般　D. 比较负责

E. 非常负责

3. 您认为培训师能否将所讲授的内容与药品销售的实际情况结合？（　）

A. 不能　B. 比较差　C. 一般

D. 结合得较好　E. 结合得非常好

4. 培训师带动课堂的气氛如何？（　）

A. 上下互动，气氛活跃　B. 讲课生动，气氛较好

C. 内容枯燥，无人回应　D. 内容乏味，课堂杂乱

5. 培训讲师对教学内容、培训目标的阐述是否具体、明确和完整？（　）

A. 优秀 B. 良好 C. 一般 D. 比较差 E. 很差

6. 您认为此次培训的后勤协助工作做得如何？（ ）

A. 很好 B. 好 C. 一般 D. 比较差 E. 很差

7. 您认为培训的餐饮、交通安排如何？（ ）

A. 很满意 B. 满意 C. 一般

D. 不满意 E. 很不满意

8. 培训的现场管理？（ ）

A. 优秀 B. 良好 C. 一般 D. 比较差 E. 很差

（3）行为层评估：培训后的行为测试

行为层评估是指受训者在接受了培训后工作行为的变化，也可以看作是对培训成果的运用，因此他可以应用在培训结束后一段时间，同时也可将其应用在培训与实战结合的技能培训过程中，从而来考察员工阶段培训的效果。它主要遵循如下几点指导原则。

1. 如有可能，在培训项目进行前和结束后都进行评估。

2. 选择恰当的时间，在行为有所变化后进行评估。

3. 对全体学员及有关人员发放调查表进行评估。

4. 确定重点人员进行当面访谈。

在具体操作中可采用如下几点跟进措施。

对其直属上级进行调查，通常是以问卷调查的方式进行。

对相关人员进行访谈，让学员进行自我解读，并做好记录。

对于团队的管理者，特别是一把手们培训后，我们可以通过对团队建设和员工离职率两个方面进行分析跟进。

借助外部专业胜任力素质测评机构进行素质测评。

召开团队会议，跟进者可进行多提问，而且是多提开放式提问，如觉得这样做，能达到预期结果吗？又如，为了提高团队一致性，做出了哪些努力等，从而让大家积极地发表看法，以此来实现培训的跟进。

在学员的岗位实践中进行跟进。方法有案例共享、日常的团队会议、一对一谈话等。

下面是一份行为层次评估调查问卷，供大家进行参考。

案例陈述

行为层次评估调查（刚性指标调查范例）

一、产出

1. 单位时间内的产出 ________________

2. 单位时间产出所需时间 ________________

3. 单位时间装配零件数 ________________

4. 销售回收比率 ________________

5. 销售周期内的订货量 / 额 ________________

6. 新客户开发量与实际销售额 ________________

7. 固定成本及其下降率 ________________

二、成本

1. 管理成本及其下降率 ________________

2. 操作成本及其下降率 ________________

3. 误工成本及其下降率 ________________

4. 销售成本及其下降率 ____________________

5. 偏差率（与标准相比）________________

6. 单个客户成本 __________________________

三、质量

1. 次品率 ________________________________

2. 任务完成比率 __________________________

3. 库存调整（数量与金额）________________